はじめての人のための3000円投資生活 新NISA対応版

横山光昭

アスコム

「自分には、投資なんて無理」

とあきらめていた人も、

「新NISAの使い方がよくわからない」

という人も。

「新NISA対応版　3000円投資生活」なら、
誰でも、カンタンに！

「お金に困らない人」になることができます！

こんにちは。家計再生コンサルタントの横山光昭です。
ついに2024年から、投資に革命を起こす
新NISAがスタートします。

新NISAなら――
一人あたり1800万円まで投資ができます。
どれほど利益が出たとしても、税金が取られません。
期間限定ではなく、一生、非課税で投資を続けることができます。

少し前では、まったく想像できませんでした。
これほど充実した、
個人の投資をサポートする制度ができるなんて。

新NISAは、お金のプロから見ても100点満点。
あえて、厳しく見ても、90点以上！といえます。
それだけ、新NISAは、おトクで使いやすい制度なのです。

この新NISAでコツコツ、しっかり投資をしていけば、
「お金が足りない」「年金が不安」といった
お金の不安をかなり和らげることができます。

むしろ、これからの時代は、
新NISAで投資をしているかいないかで、
大きく人生が変わると言っていいでしょう。
本当にすごいんです。

投資枠は1800万円あるが、無理せず投資を始めよう

1800万円という投資枠は非常に大きいものです。
月々5万円ずつ投資をしても30年もかかります。

1800万円分使わなきゃと意気込む必要はありませんし、
少しでも多く投資をしなければと焦る必要もありません。

最初はこの本でおすすめしている通り、
月々3000円から投資を始め、
ゆっくり自分のペースをつかんでいきましょう。

お子さんの学費などで家計が大変なときには、
投資にまわすお金を減らして。
予想外にボーナスが多かったり、退職金などが入ったりすれば、
投資にまわすお金を増やして。
ライフプランや、その時々の家計の状況に合わせて
投資額を増やしたり、減らしたりしましょう。

運用できる期間が限られていた過去のつみたてＮＩＳＡと違い、
新ＮＩＳＡは無期限ですから、一生、安心して投資を続けられます。
あわてることなく、
自分のペースで新ＮＩＳＡで投資を続け、じっくり育てていきましょう。

新NISAのすごさは「非課税期間が無期限」にあり

安全に確実に資産が増える投資の基本は「長期・分散・積立」です。

その中でも**「長期」**は特に重要です。
投資の期間が長ければ長いほど「複利」が効き、
お金が育ちやすくなるからです。
実際、投資信託などを積立で買い、
長期間運用すればするほど、
複利効果でお金が増えるスピードはアップします。

たとえば、月々3万円ずつ投資にまわし、年利6%で運用し続けたとすると、投資した額と運用益のトータルは、

20年後 **約1386万円**
（投資した額：720万円、運用益約666万円）

↓

25年後 **約2079万円**
（投資した額：900万円、運用益約1179万円）

↓

30年後 **約3014万円**
（投資した額：1080万円、運用益約1934万円）

となります。

従来のつみたてＮＩＳＡでは、
投資信託を運用できる期間は20年でしたが、
さらに５年、運用を続ければ、
資産の総額は約７００万円プラスに。
10年、運用を続ければ、倍以上の資産になります。
これが複利の力です。

もし、月々３万円ずつ30年間積み立てたとしても、
投資総額は約１０００万円。
あと、約８００万円分も投資できる枠が残っていますね。

仮に30年で１８００万円分投資をするなら、月々５万円ずつとなります。

かなり大きな金額ですが、どう増えるか見てみましょう。

20年後

約2310万円
（投資した額：1200万円、運用益約1110万円）

⬅

25年後

約3465万円
（投資した額：1500万円、運用益約1965万円）

⬅

30年後

約5023万円
（投資した額：1800万円、運用益約3223万円）

わずか5年、運用期間が延びただけで、
資産が大きく増えるのを見て、
長期で投資を続ける重要さが
おわかりいただけたのではないでしょうか。

できるだけ長く、できる範囲の金額でコツコツ積み立てる。
新NISAを使った投資の基本はこれです。

そうすれば、年齢を重ねたり、
病気やケガで働くのが難しくなったりしても、
お金を増やし続けることができます。

そして、老後生活が、「お金が減っていく」ものではなく、
「お金が減らない」、場合によっては
「お金が増えていく」ものへと一変します。

これからの時代は、新ＮＩＳＡで投資をしているかいないかが
大きな人生の分かれ道となるでしょう。

なお、新ＮＩＳＡには、
「つみたて投資枠」と「成長投資枠」があります。
最初は少し難しいと感じるかもしれませんが、
新ＮＩＳＡの使い方の正解は、一つ。

まずは「つみたて投資枠」で投資信託の積立スタート。
慣れてきたら「成長投資枠」も使い、ETFを一括購入。

これだけです。

初めて投資を経験するという人も、
これまでつみたてNISAをやってきたという人も、
ゴールは同じです。

その具体的なやり方を、これから丁寧にお伝えしていきます。
ぜひお読みいただき、みなさんのお金を大きく増やし、
お金の不安のない、楽しい人生を送ってください!

はじめに

投資は「カンタン」「おトク」なものに

もしかしたらみなさんの中には、「投資って難しいんじゃないの？」「投資って怖いんじゃないの？」「投資をして、本当にお金が増えるの？」といった不安や疑問を抱いている方がいらっしゃるかもしれません。

そこで、まずは「つみたてNISA」という、2018年からスタートした制度で投資を始めた、40代のAさんの例を見てみましょう。

Aさんは2019年にB社でつみたてNISAの口座を作り、投資をスタート。

2020年からは、拙著『貯金感覚でできる3000円投資生活デラックス』でご紹介した楽天証券に口座を移し、投資を続けています。

左ページをご覧いただくと、4年間で、50万円以上の利益が出ていることがおわかりいただけると思います。

Aさんは、特に難しいことをしたわけではありません。

ただ、ネット証券でつみたてNISAの口座を開き、毎月決まった額を投資にまわし、安全性が高く、かつ利回りのいい投資信託を積立で買っていただけです。

しかし、たったそれだけで、**4年間で資産が約53万円分も増えた**のです。

日本は、20年以上も超低金利時代が続いています。

同じ金額を銀行などに預金していても、利息はほとんどつかなかったでしょう。

なお、2023年2月時点で、利益が非常に大きくなっているのは、コロナ禍《か》の影響です。

Aさんの実績

B社	投資総額 40万円 ➡ 約62万円に！
楽天証券	投資総額 126万円 ➡ 約157万円に！

・利益　　：約53万円！
・資産合計：219万円！

なんと4年で
約53万円も増えた！

投資状況

40代のAさんは、小学生のお子さんがおり、学費などに備えたいと積極的に投資をスタート。

貯めていた貯金、ボーナスから年40万円をベースに投資。

2019年1月〜12月はB社。2020年からは楽天証券。上でご紹介した投資資産の合計は2023年2月時点のもの。

2020年初頭に始まったコロナ禍により、世界中の企業の株価が一時的に大きく下がり、投資信託の基準価額（投資信託の値段）も下がりました。

しかし、その後、株価は急速に持ち直し、下がる前以上にまで回復しています。

実は、株価や投資信託の基準価額が大きく下がっている時期は、絶好の買いどきでもあります。

同じ金額で、より多くの投資信託を買うことができるからです。

Aさんも、その時期に**安く買った投資信託の価値が上がったため、資産が一気に増え、高い利回りを得る**ことになったわけです。

おそらく、コロナ禍以前から、積立で安全性の高い投資信託をコツコツと買い続けていた方、一時的に値下がりしたときに焦って売ったりしなかった方、失敗する危険性が高いほかの投資に手を出さなかった方は、みなさん大きなリターンを得ているのではないかと思います。

もっとも、コロナ禍のような出来事はそう頻繁《ひんぱん》に起こるわけではありませんし、この一例だけで、「投資は決して難しいものでも怖いものでもなく、投資をすれば、必ずお金が増えます」と言うつもりもありません。

ですが、過去の推移を見てみると、株価や投資信託の基準価額は、全体として右肩上がりの成長を続けており、安全性の高い投資信託への投資をしていれば、通常は6～7％前後の利回りを得ることができます。

結局、コツコツ投資を続けるのが正解

いかがでしょう。
投資に対する疑問や不安は、少し解消されたでしょうか。

私は、家計再生コンサルタントとして、今まで2万4千件を超える家計に関する相談に乗ってきました。

「安定した収入はあるものの、なんとなく使ってしまい、なかなか貯金ができない」「**給料が少なく、子どもの教育費や老後の生活を十分に準備できる自信がない**」といったさまざまなお金の悩みに対し、「今後の人生をどう楽しみたいのか」を一緒に考え、お客さまに「自分をコントロールし、お金とうまくつきあっていく力」をつけていただくため、基本的には、強い家計を作り、貯金のできる体質になっていただくためのアドバイスをさせていただいています。

お金とうまくつきあえるようになると、自分が思い描く理想の生き方、人生を実現しやすくなるからです。

しかし、貯金ができるようになったからといって、お客さまのお金に関する悩みや将来に対する不安が完全に消えるわけではありません。
「お金は順調に貯まっているけれど、今後勤務先の業績が悪化し、収入が減ったらどうしよう」「貯金だけで、豊かな老後を送ることができるだろうか」といった声を聞くことが少なくないのです。

しかも、今は超低金利時代。

貯めたお金を金融機関に預けていても、まったくと言っていいほど増えてくれません。

そこで、私はあるときから、お客さまの家計の状況を見つつ、安全性の高い投資を少額から始めることをおすすめするようになりました。

また2016年7月に出版した『**はじめての人のための3000円投資生活**』(アスコム刊)をはじめとする「3000円投資生活」シリーズは、総発行部数90万部を突破。

書籍や家計のアドバイスを通じて少額から投資をすることの大切さをお伝えしてきた結果、数多くのお客さまや読者のみなさまから、「資産が順調に増えており、投資を始めてよかった」という喜びの声をいただいています。

新ＮＩＳＡどころか、つみたてＮＩＳＡもなかった時代に投資を始め、資産を増やしている方は、私が把握しているだけでも1万2千人もいます。

中には、ご夫婦で投資を始め、わずか6年で、資産を４００万円も増やされた方もいらっしゃいます。

投資と家計の強化は車の両輪

さて、この本では基本的には、新ＮＩＳＡを利用した投資の方法をお伝えしていきますが、その前に、みなさんにぜひおさえておいていただきたいことがあります。

それは、**「3000円投資生活は、家計に負担のかからない金額でまずは投資を始め、投資に慣れつつ、一方で家計を見直し、無駄遣いをやめ、投資にまわすお金を少しずつ増やしていく」**ものだということです。

いくら投資でお金が増えるからといって、家計を圧迫させてまで投資にお金をまわすことはおすすめできません。

この本でご紹介するような安全性の高い投資によってお金を増やすためには、ある程度時間を味方につける必要があります。

家計に負担をかけず、無理なく捻出できるお金を投資にまわしてこそ、コロナショックのように、一時的に株価や投資信託の基準価額が下がることがあっても、焦らず、再び上がるのをじっくり待つことができます。

また、無理をして投資にお金をまわしすぎると、「生活資金が足りなくなり、せっかく積み立てた投資信託を、不本意なタイミングで売らなければならなくなる」「一気にお金を増やそうと、危険性の高い投資に手を出す」といったことも起こりうるでしょう。

それでは、投資のメリットを十分に味わうことができません。

一方で、私のアドバイスに従って、もしくは拙著を読んで投資を始め、「投資でお金が増えるのが楽しくなり、自然と節約して、投資にまわすお金を作れるようになった」という方もたくさんいらっしゃいます。

強い家計を作ることと、投資によってお金を増やすことは、車の両輪のようなものなのです。

新NISAという素晴らしい制度を利用し、みなさんが家計の状況やライフプランに合わせて、無理のない範囲で楽しく投資を続け、お金を増やしていかれること。

それによって、お金の不安のない、より充実した豊かな人生を送られることを、私は心から願っています。

はじめての人のための3000円投資生活　新NISA対応版　目次

新NISA

PART 1

さあ、新NISAで3000円投資生活を始めよう

＼新NISA／

PART

2

新NISA版「3000円投資生活」なら「貯金感覚」でコツコツ増える

＼新NISA／

PART

3

1万2千人を見てきてわかった「投資の分かれ道」

新NISA

PART

4

投資初心者でもできる！「一番おトクな増やし方」は積立＋海外ＥＴＦ！

新NISA

PART

5

「投資をしたか」「投資をしなかったか」であなたの人生は大きく変わる

新NISA

PART

1

さあ、新NISAで3000円投資生活を始めよう

3000円
新NISA
投資

1

家計のプロが新NISAをわかりやすく解説します!

利用しなければ、むしろ損！
投資の革命児・新ＮＩＳＡがスタートする

この本を手に取られたみなさんは、おそらく投資に興味を持っていらっしゃるのではないかと思います。

そして、中には、投資に対して、

「投資は知識がないとできない」
「投資には、まとまったお金がいる」
「投資は手間がかかる」
「投資は損をする危険性が高い」

といったネガティブな感情を抱き、今までなかなか一歩を踏み出せずにいた方もいらっしゃるかもしれません。

そんな方におすすめしたいのが、**2024年1月から始まる「新NISA」**という制度を利用した投資です。

この本では、新NISAを使ってどのように投資をしたらいいか、わかりやすく具体的にお伝えします。

投資の経験がなくても、詳しい知識がなくても、まとまったお金がなくても、これからお話しする内容に従って投資をしていただくだけで、大丈夫。

損をする危険性は限りなく低く、お金が増える可能性は限りなく高まります。

むしろ、超低金利で、預金だけでは資産が増えないこれからの時代は、新NISAを使った**投資をしないほうが損をする**危険性が高いといえるでしょう。

新NISAは、それほどまでにすごい、投資の革命児ともいえるような制度なのです。

ＮＩＳＡなら、投資で得た利益に税金がかからない

では、新ＮＩＳＡとは、いったいどんな制度なのか、簡単にお話ししましょう。

新ＮＩＳＡは、２０１４年１月にスタートした「ＮＩＳＡ（少額投資非課税制度）」および２０１８年１月にスタートした「つみたてＮＩＳＡ」を進化させた制度です。

ＮＩＳＡは、専用の口座で投資信託や個別株式などの金融商品を買った場合、それを運用して得られた利益（値上がり益、配当金、分配金など）に税金がかからないというもの。

つみたてＮＩＳＡは、専用の口座で積立で投資信託を買った場合、それを運用して得られた利益に税金がかからないというものです。

通常の口座は「課税口座」であり、そこで買った投資信託や個別株式などを運用

し年間20万円以上の利益を受け取ると、その利益に対し約20％の税金がかかります。

たとえば、**つみたてＮＩＳＡの口座では、年間に40万円**まで投資信託を買うことができました。

仮に、年に40万円ずつ投資信託を買い、これを年利６％で20年間運用したとすると、最終的に得られる利益は７４０万円前後です。

通常の口座（課税口座）なら約１５０万円の税金がかかりますが、つみたてＮＩＳＡの口座なら、それが全額免除されるのです。

利益を１００％自分のものにできるか、80％しか手に入らないか。

その差は大きいと思いませんか？

従来のＮＩＳＡには、さまざまな制限があった

ただ、従来のＮＩＳＡとつみたてＮＩＳＡには大きな弱点がありました。

ＮＩＳＡの口座では年間に１２０万円までしか金融商品を買うことができず、非

課税期間は5年間だけで、制度が使えるのは２０２３年まででした。

つみたてＮＩＳＡの口座では、すでにお伝えしたように、年間40万円までしか投資信託を買うことができず、**非課税期間は20年間だけ**で、制度が使えるのは２０４２年まででした。

この、年間１２０万円もしくは年間40万円の枠を「非課税投資枠」といいますが、たとえば、ある年につみたてＮＩＳＡの非課税投資枠で40万円分の投資信託を買ったとします。

その投資信託から得た利益に税金がかからないのは20年間だけ。

20年を過ぎたら、投資信託は課税口座に移すか売却するしかありませんでした。

また、ＮＩＳＡにはロールオーバーという、非課税期間終了後購入した商品を翌年の非課税投資枠に移すことができる制度がありましたが、ややこしく利用しにくいものでした。

このように、従来のＮＩＳＡやつみたてＮＩＳＡにはさまざまな制限があり、決して十分とはいえないものでした。

しかし、そんなさまざまな制限を大幅に緩和したのが、新ＮＩＳＡです。

まずは、ＮＩＳＡ、つみたてＮＩＳＡと新ＮＩＳＡを比較してみましょう。

新ＮＩＳＡの制度は恒久的に利用でき、非課税期間は無期限

新ＮＩＳＡの制度は、なんと恒久的に利用でき、非課税期間は無期限です。

年間に購入できる額は、**つみたて投資枠**（投資信託を積立で買う枠）が**１２０万円**まで、**成長投資枠**（投資信託や個別株式、ＥＴＦなどを買う枠）が**２４０万円**までと大幅にアップします。

しかも、これまでは、ＮＩＳＡとつみたてＮＩＳＡを同時に利用することはできませんでしたが、新ＮＩＳＡでは、つみたて投資枠と成長投資枠を**両方利用**するこ

2024年からの新しいNISA制度

NEW

		現行	2024年1月以降	
口座開設期間	つみたて	2042年末まで	恒久化	
	一般	2023年末まで		
年間投資枠	つみたて	40万円	つみたて投資枠	120万円
	一般	120万円	成長投資枠	240万円
非課税期間	つみたて	最大20年間	無期限	
	一般	最大5年間		
非課税となる生涯投資枠	つみたて	最大800万円	買付残高で1800万円（うち、成長投資枠1200万円）[※1]	
	一般	最大600万円		
両者の併用	不可		可能に	
投資対象	つみたて	金融庁が定めた条件を満たした投資信託	つみたて投資枠	つみたてNISA対象商品と同様
	一般	上場株式・ETF 投資信託等	成長投資枠	上場株式・ETF 投資信託等[※2]

※1：薄価残高方式で管理（枠の再利用が可能）。

※2：投資信託に関しては、①信託期間20年未満②毎月分配型③高レバレッジ型を除外する。

とが可能となるのです。

そして、非課税となるトータルの投資額（生涯投資枠）は、ＮＩＳＡが最大６００万円まで、つみたてＮＩＳＡが８００万円までだったのに対し、**新ＮＩＳＡでは１８００万円**まで（うち、成長投資枠は１２００万円まで）と、やはり大幅にアップします。


このように、新ＮＩＳＡの口座では、従来のＮＩＳＡやつみたてＮＩＳＡとはけた違いの額の投資信託や個別株式などを買うことができるようになります。

しかも、そこで得られた利益には、税金がいっさいかからないのです。

たとえば、20代の人が月に３万円、年に36万円ずつ、積立で投資信託を買い、年利６％で50年間運用したとすると、**最終的に得られる利益は約９５００万円**です。

課税口座なら約１９００万円の税金がかかりますが、新ＮＩＳＡの口座なら、それが全額免除されるわけです。

新ＮＩＳＡなら、一生１８００万円分の商品を運用できる

　さらに、従来のＮＩＳＡやつみたてＮＩＳＡでは、ある年の非課税投資枠で投資信託や個別株式を買い、それを売却すると、その非課税投資枠を再利用することができませんでした。

　おまけに、年をまたいで、使わなかった過去の非課税投資枠を利用することもできませんでした。

　しかし、新ＮＩＳＡでは、ある年の非課税投資枠で買った投資信託や個別株式を売却すると、翌年以降、その非課税投資枠を再利用することができます。

　たとえば薄価（金融商品の取得価格。ざっくり言うと、元本のこと）で５００万円分の商品を売却した場合、従来の制度だと、以後非課税で運用できるのは、残りの１３００万円分の商品だけでした。

　ところが新ＮＩＳＡでは、５００万円分の商品を売却すると、翌年以降、新たに

500万円分の商品を買うことができます。

売却した後、500万円分の枠が復活しないとすれば、現金化するのに躊躇《ちゅうちょ》してしまいますが、枠が復活するのであれば、安心して現金化できます。

つまり、投資で増やしたお金を適宜《てきぎ》、必要なタイミングで使えるようになったのです。

貯金のように使い勝手が良く、貯金よりもはるかに効率よく資産を増やすことができる。

それが新NISAなのです。


いかがでしょう。

「これからの時代は、新NISAを使った投資をしないほうが、損をする危険性が高い」という私の言葉が、ご理解いただけましたでしょうか。

新ＮＩＳＡはここがすごい！

- 制度は、一生利用できる！
- 年間に、つみたて投資枠で１２０万円分、成長投資枠で２４０万円分までの投資信託やＥＴＦなどを買うことができる！
- 生涯に、トータル１８００万円分の投資信託や個別株式を運用でき、得られた利益に、ずっと税金がかからない！

3000円
新NISA
投資
2

「投資未経験でも！」「貯めるのが苦手でも！」まずは3000円から始めてみて

なぜ「月々3000円」ずつの投資なのか？

プロローグでもお伝えしたように、私は、２０１6年7月以降、「３０００円投資生活」シリーズ（アスコム刊）を出版し、「月々３０００円から投資を始める」ことを、さまざまな世代の方におすすめしてきました。

なぜ月々３０００円なのか？

「初めて投資をする方が、おそらく、あまり怖さを感じずに投資にまわせる金額」であり、かつ「**投資の面白さがギリギリ体感できる金額**」だからです。

月々1万円だと、ちょっと額が大きすぎて怖いと思う人、いきなりそれだけの額を投資にまわすのが難しいという人もいるでしょう。

かといって、月々１０００円だと、特に最初のうちは、あまりにも得られる利益が少なすぎて、「お金が増えていく」投資の面白さを味わうことができません。

いろいろと考えた末、月々3000円という金額こそ、「今まで投資をしたことがない」「投資が怖い」「投資にまわすお金がない」という方に、一日でも早く投資を体験し、そのメリットを知っていただくのにぴったりだと思ったのです。

3000円投資生活なら、カンタン・安全。正しく長く続けることで、ほぼ確実に資産を増やすことができる

世間で「投資」といわれているものの中には、知識がないとできないもの、まとまったお金が必要なもの、手間がかかるもの、ほとんどの人が損をするものもあります。

たとえば、おびただしい数の個別株式の中から、利益が出そうな銘柄を選んで売買したり、不動産投資をしたりしようと思ったら、さまざまな情報や知識、まとまった資金などが必要ですし、それなりに手間もかかります。

また、ＦＸ投資などは、85％の人が損をするといわれています。

しかし世の中には、**カンタン・安全・確実に資産を増やす**ことができる投資方法もあります。

この本で私がおすすめする方法も、その一つです。

２０２４年から始まる新ＮＩＳＡの口座を開き、まずは月々３０００円分ずつ、手数料などのコストが安く、リスクは低いけれど利回りが比較的高い投資信託を買うことからスタートする。

やるべきことは、たったそれだけです（より具体的なやり方については、あとで詳しくお話しします）。

最初に手続きをしてしまえば、その後、こまめに値動きなどをチェックする必要はありません。

ほったらかしておくだけで、資産は勝手に増えていきますし、まとまったお金が必要になったときには、部分的に売却して現金化することも可能です。

長く運用することで、元本割れする（損をする）可能性も、きわめて低くなるといえるでしょう。

投資こそ「百聞は一見に如かず」

たいていの人は何かを始める前、どうしても「難しそう」「失敗したらどうしよう」と、あれこれ悩んだり不安になったりします。

投資についても、真面目な人ほど「損をしたくない」と考え、投資関連の本や雑誌、証券会社のホームページや資料を読み込み、勉強しようとする傾向があります。

そして事前の研究に大量の時間とお金を費やした揚げ句、投資をやめてしまったりするのです。

調べていくうちにネガティブな情報ばかりを目にして怖くなる人もいれば、情報を集めすぎてしまい、どうしたらいいかわからなくなる人もいるかもしれません。

しかし、どんな勉強やシミュレーションも、実践には到底かないません。

「百聞は一見に如《し》かず」「習うより慣れろ」です。

月々３０００円からであれば、それほど負担を感じず始められるはず。

必要以上に情報を集めたり悩んだりせず、まずはやってみることが大事です。

始めてみると、案外ラクにできてしまって、拍子抜けするのではないかと思います。

なお、新ＮＩＳＡのスタートを待たずに投資を始めたいという方は、つみたてＮＩＳＡの口座を開き、今から投資に慣れておくのもいいでしょう。

その場合は、ＰＡＲＴ２でおすすめしている投資信託を積立で買ってください。

3000円
新NISA
投資
3

3000円投資生活は「慎重な人」や「忙しい人」向き

どんなに成功している投資家も、最初はみんな初心者

「今まで投資をしたことがない」という方の中には、もしかしたら「自分は投資には向いていない」と考えている人がいらっしゃるかもしれません。

「面倒くさがり屋で、細かい作業が苦手」
「仕事や家事が忙しくて、そのほかのことに時間がかけられない」
「今まで、投資というものをしたことがない」
「判断力がなくて、なかなか物事を決められない」
「小心者で、冒険をしたり、損をしたりするのが怖い」

こうした理由から、「自分は投資には向いていない」と思い込んでいる人は少なくないでしょう。

しかし、こうした人こそ、実は3000円投資生活に非常に向いています。

まず、**「面倒くさがり屋だ」「忙しくて時間がない」**という人。

3000円投資生活であれば、口座を開設し、この本で紹介する商品を月々3000円で積立購入する設定をしてしまえば、あとはほったらかしで大丈夫です。値動きをこまめにチェックし一喜一憂したり、頻繁に売買を繰り返したりするのは、精神的にも時間的にも金銭的にも、むしろマイナスにしかなりかねません。

面倒くさいことはせずに、お金の成長を気長に待てる人。

投資にあまり時間をかけられない人。

そういう人こそ、3000円投資生活に向いている人だと、私は思います。

「今まで投資をしたことがない」という人も同様です。

なまじ余計な知識があると、自分を過信し振り回されることも多くなります。

よそ見をせず、リターンが飛び抜けて大きくない代わりにリスクも少ない商品だけを買う人のほうが、意外と着実に資産を増やせるのです。

どんなに成功している投資家も、最初はみんな初心者です。

これまでやったことがなくても大丈夫です。

今、できるところから始めましょう。

判断力がない人、小心な人ほど、３０００円投資生活に向いている

次に、「自分には判断力がない」という人。

「投資をしても、高いときに買い、安いときに売るなど、**売りどきや買いどきを間違え、損をしてしまうのではないか**」と思っている人でも、３０００円投資生活なら大丈夫です。

３０００円投資生活は、売りどきや買いどきを瞬間的に判断し、短期間で利益を

上げようというものではありません。

「市場は、中長期的には成長していく」という前提のもと、「すぐには使うことがないお金」を時間をかけて育てていくものです。


ですから、即断・即決能力は必要ありません。

一時的に全体的に株価が下がっても、長いスパンで見れば回復する可能性は高いので、そのときが来るまで、ほったらかしにしておけばいいのです。


最後に、**「自分は小心者だ」**という人。

「冒険をしたり、損をしたりするのが怖い」というのは、慎重だということでもあり、そういう人は3000円投資生活に非常に向いています。

むしろ、「冒険が好きな人」こそ、注意が必要です。

3000円投資生活の地道な方法に物足りなさを感じ、一攫千金を狙ってハイリスク・ハイリターンな商品に手を出し、損をするおそれがあるからです。

実際、それまでコツコツ投資をしていたのに、急にビットコインなどの暗号資産の投資を始め、大損をしてしまった人を、私は何人も知っています。

どのような性格、どのようなライフスタイルの人であっても、必ずその人に合った投資方法があるはずです。

そして「投資など考えたこともない」という方、「自分は投資に向いていない」と思っている方には、ぜひ３０００円投資生活を始めていただきたいと思っています。

3000円
新NISA
投資
4

がんばらなくてもいい。
お金に働いてもらい、
ラクをしよう

月々３０００円ずつの投資は、あくまでも投資に慣れるため

よく誤解されるのですが、３０００円投資生活は、「ずっと、月々３０００円の投資を続けましょう」というものではありません。

すでにお伝えしたように、あくまでも、

「今まで投資をしたことがないので、どんなものか試しにチャレンジしてみたい」
「いきなり多くのお金を投資にまわすのが怖い」
「将来に備えて貯金もしたいので、あまり多くのお金を投資にまわすことができない」

といった方に、月々３０００円の投資からスタートして、まずは投資に慣れていただくというものです。

投資のやり方がわかり、面白さを感じられた方、ある程度貯金ができた方、投資によってお金が着実に増えていくと実感できた方は、ぜひ、毎月の投資金額を増やしていってください。

当然のことながら、投資にまわすお金が増えれば増えるほど、あとで手にするお金が大きくなります。

人それぞれ、ご自身に合ったタイミングで投資金額を増やしていただいてかまいませんが、特に**初めて投資をするという方は、まず半年ほど**、毎月3000円の投資を続け、とにかく投資に慣れることをおすすめします。

投資に焦りは禁物。
最初の2、3年が過ぎれば、必ず楽しくなってくる

ここで、これから投資を始めるみなさんに、ぜひお伝えしておきたいことがあります。

それは、「結果を焦りすぎないでください」ということです。

私はこれまで、数多くの「３０００円投資生活を始めたばかりの人」のお話を聞いてきました。

その中でよく耳にしたのが、「最初の１、２年はなかなか利益が出ず、『このまま、このやり方を続けていていいのだろうか』と思った」という言葉です。

私がおすすめしている投資の方法は、失敗するおそれが低い代わりに、利回りが飛び抜けて高いわけではありません。

しかも月々３０００円ずつの積立で始めた場合、最初は微々たる利益しか出ませんし、少しでも買った商品の価値が下がれば、損失が出てしまうこともあるでしょう（それも微々たる額ですが）。

そうすると、今まで投資をしたことのない方などは、どうしても「このままでいいのだろうか」「ほかにもっと、早く確実に資産を増やせる投資方法があるのではないだろうか」といった不安を抱き、中にはせっかく始めた投資をやめてしまう人、一見派手ですぐに利益が上がりそうな商品に目移りしてしまう人もいます。

しかし、そこで、迷ったりうろたえたりしないでください。**最初のうち、利益があまり出ないのは当たり前のことなのです。**投資の効果は、時間がたてばたつほど大きくあらわれるものであり、そのカギとなるのが「複利効果」です。

利息が利息を生む。複利こそが投資のカギ

ここで、「複利」という耳慣れない言葉について説明しておきましょう。

銀行などにお金を預けると利息がついてきますが、預けたお金（元本）に対する

利息の割合を示したものを「利率」といいます。

利息の額は「元本×利率」で計算でき、元本が大きくなれば、利息の額も大きくなります。

一方、投資の世界で「利率」に相当するのが、「利回り」です。

これは投資したお金（元本）に対し、毎年どれほどの利益が得られるかを示すものであり、やはり元本が大きくなれば、得られる利益も大きくなります。

そして「複利」とは、投資によって得た利益を再投資し（元本に組み入れ）、元本

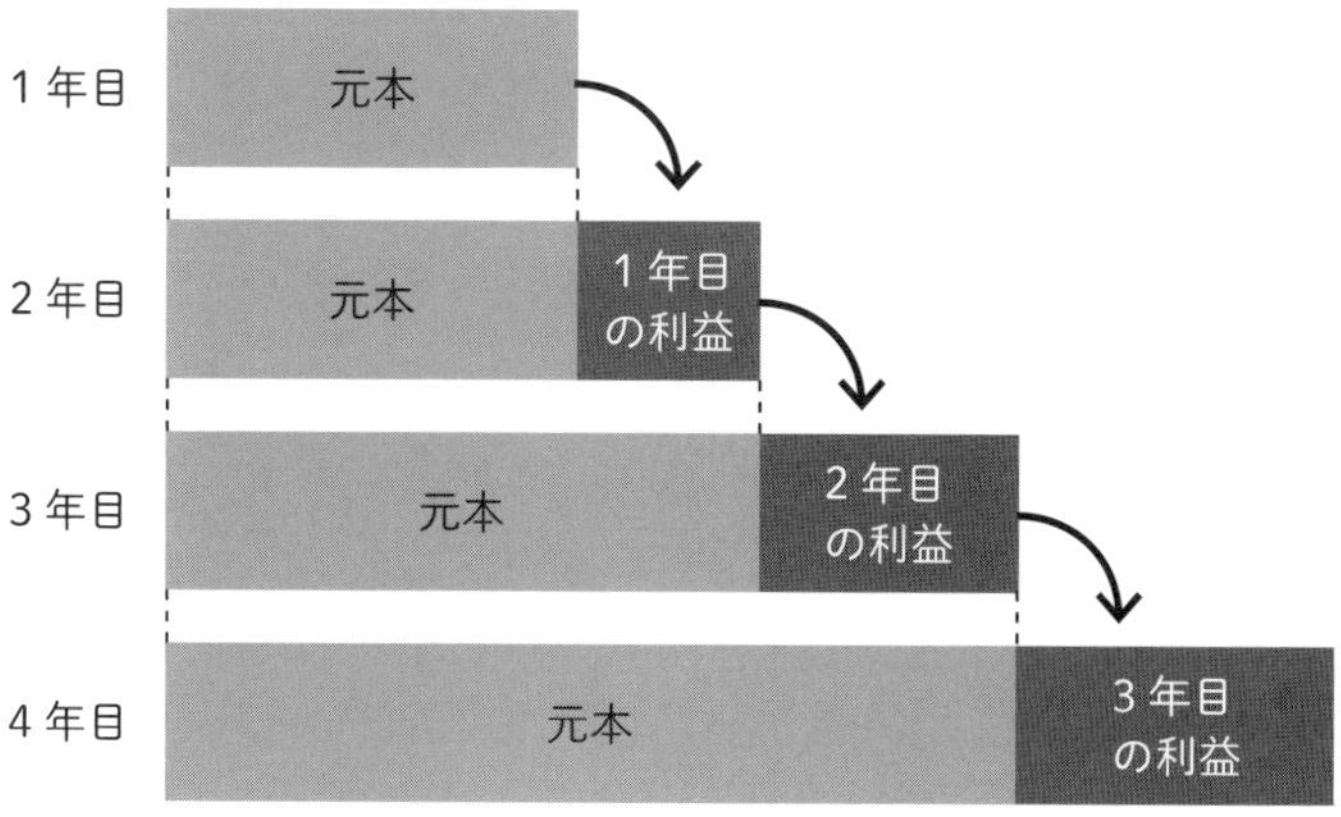

を少しずつ大きくすることによって得られる、より大きな利益のことを指します。

投資は「お金に働いてもらい、お金にお金を増やしてもらうこと」

よく使われる表現ですが、投資というのは、時間を味方につけ、お金に働いてもらい、お金にお金を増やしてもらうことです。

実際の金額を見ていただいたほうが早いでしょう。

たとえば、月々3000円ずつ、月々1万円ずつ、月々3万円ずつ投資にまわし、年利6％で運用、年に6％ずつ生まれる利益も、全部投資にまわしたとすると、お金は64～66ページのグラフのように増えていきます。

最初の数年の利益は非常に微々たるものです。

月々3万円ずつ、年利6％で運用できたとしても、1年後の利益は約1万円、3

年後の利益は約10万円、５年後の利益は約29万円。

プロローグでご紹介したAさんのように、４年で50万円も増えることは、コロナ禍のような特殊な状況でなければなかなかありません。

しかし、10年後の利益は約１３１万円、20年後の利益は約６６６万円、30年の利益は約１９３３万円と、時間が経てば経つほど、複利効果で利益はどんどん大きくなり、40年後には投資額の３倍にあたる、約４５３４万円もの利益が得られます。

ですから、最初のうち、あまり利益が出ないからといって、どうか投資をあきらめないでください。

現在のような超低金利の状態では、銀行などの金融機関に預金をしても、お金はほとんど増えません。

１００万円預けても、利息は10～20円程度（税引き前）です。

あるいは、月々３万円ずつ銀行に預けても、30年後、40年後に手にする金額は、

月々、「楽天VT」を3000円積み立てると

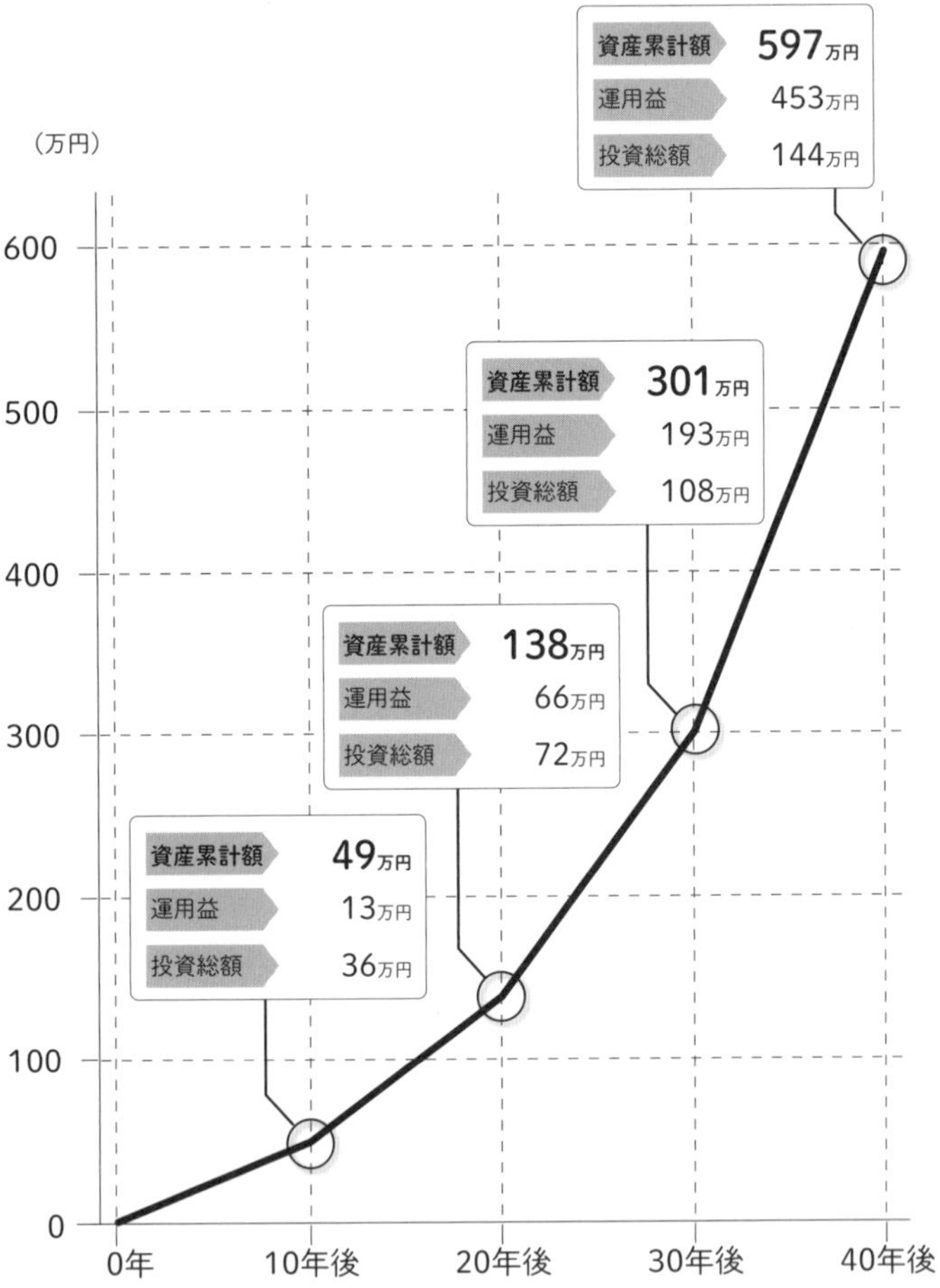

月々、「楽天ＶＴ」を10000円積み立てると

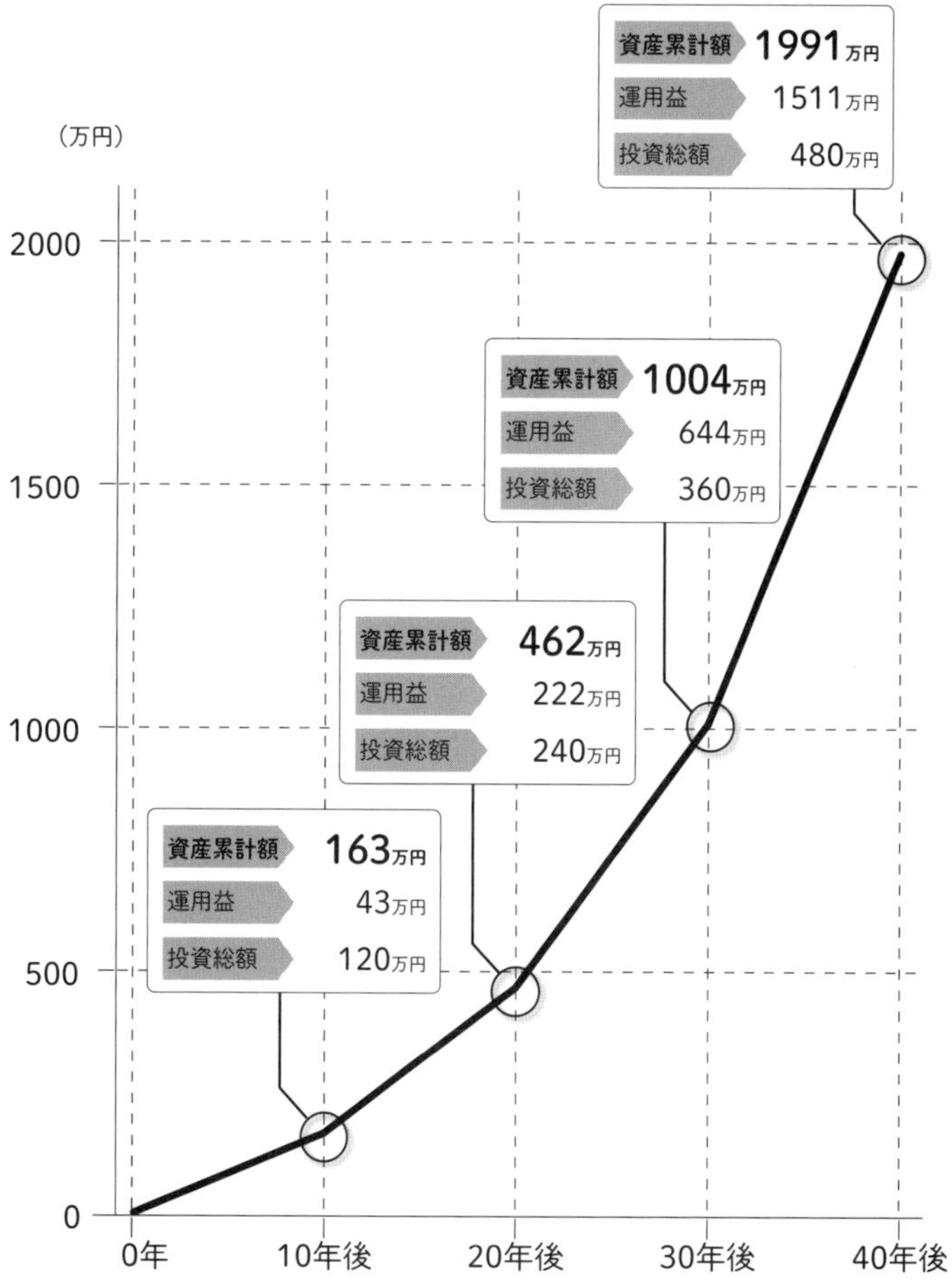

月々、「楽天ＶＴ」を30000円積み立てると

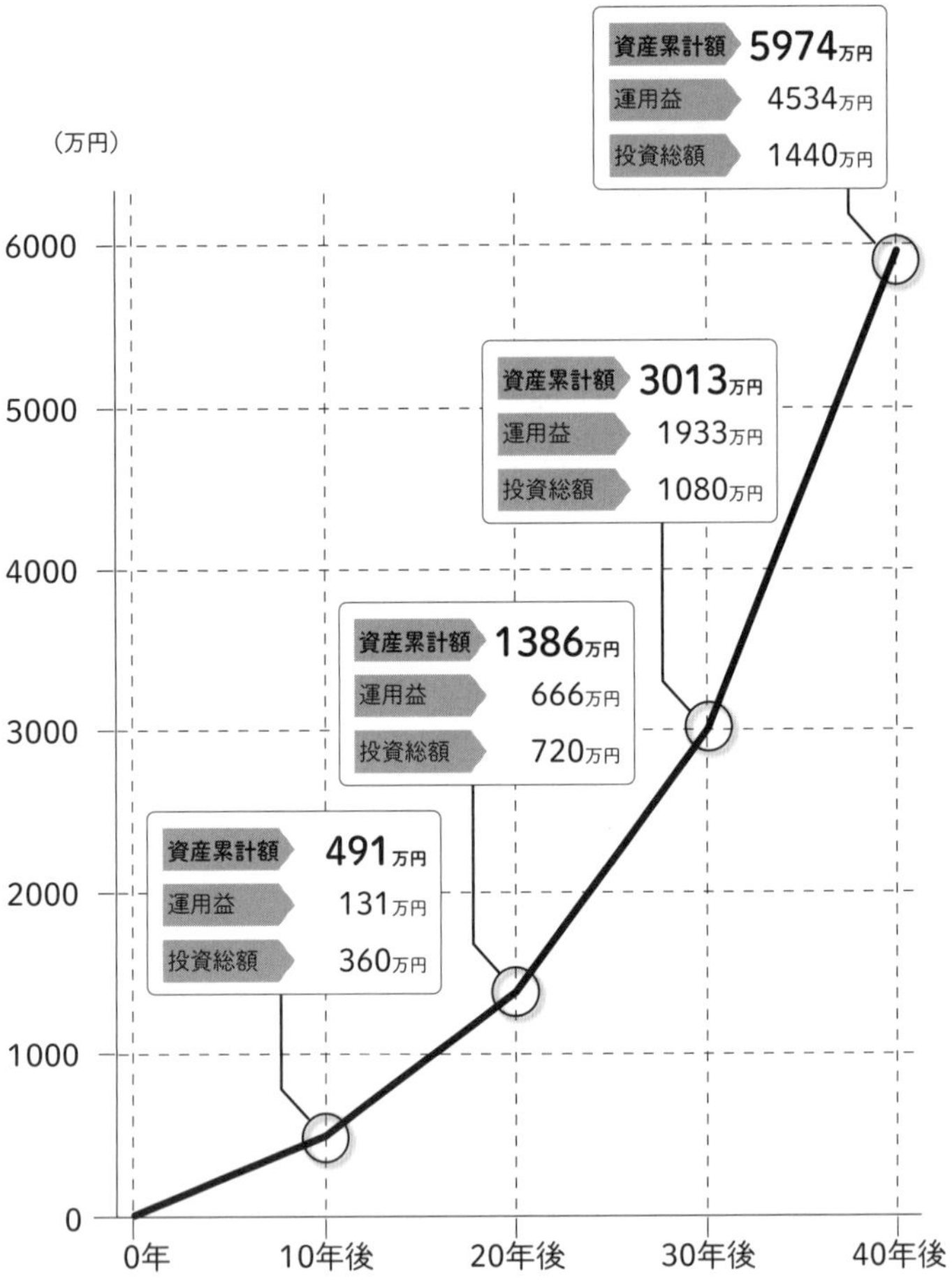

それぞれ１１００万円、１５００万円程度ですが、その分を投資にまわせば、30年後には約３０００万円、40年後には６０００万円近いお金を手にすることができます。

しかも新ＮＩＳＡを使えば、その利益には税金がかかりません。

なお、利回りは、投資の対象や方法によって大きく異なりますが、この本でおすすめする、とても安全性の高い（失敗する可能性が低い）投資の場合でも、基本的には６〜７％程度の利回りが見込めます。

預金だけでは資産が増えない現代。一日も早く新ＮＩＳＡで投資を始めよう

近年、「人生１００年時代」という言葉を、頻繁に耳にするようになりました。

これは、ロンドン・ビジネス・スクール教授のリンダ・グラットンとアンドリュー・スコットが提唱した言葉で、二人は「長寿化により、先進国では２００７

年生まれの2人に1人が103歳まで生きることが予測されるため、人々はこれまでとは異なる新しい人生設計をする必要がある」と説いており、日本でも2017年9月に、首相官邸に安倍元首相を議長とする「人生100年時代構想会議」が設置されました。

さらに2019年6月3日、**「老後資金は公的年金のほかに、一人あたり平均2000万円が必要である」**とする、金融庁の「市場ワーキング・グループ」の報告書「高齢社会における資産形成・管理」が公表され、大きな話題となりました。

同報告書には、「超長寿社会においては、一人ひとりが長期的なライフ・プランを検討し、具体的なシミュレーションを行うことが重要であり、現役世代であれば、「長期・分散・積立」による資産形成の検討を行うことが重要である、と記されています。

ところが、国税庁の民間給与実態調査によると、23年前は460万円を超えていた日本人の平均年収は、ここ10年、４１４万円～４４３万円の間で推移しており、金融広報中央委員会発表が２０２２年に行った『家計の金融行動に関する世論調査』によると、年代別、世帯構成別の平均貯蓄額（保有している金融資産の額）のうち、もっとも多い「60代の二人以上世帯」で１８１９万円、「60代独身世帯」で１３８８万円と、いずれも２０００万円に及びません。

そして、世代が下がるごとに貯蓄額は少なくなっていきますが、将来的に、公的年金の受給年齢はさらに引き上げられると考えられます。

一方で、２０２３年3月時点の預金金利は、０・００１～０・３％程度です。

今は、「収入を増やす」「貯金をする」といったことによって資産を増やすことが非常に難しい時代であり、**金融庁の提唱通り、預金以外の投資によって自己資産を増やし、老後に備えることが必要**なのです。

もちろん、

「これから大きくなる子どものために、十分な教育費を用意したい」

「10年後にマイホームを買うため、できるだけ頭金を用意したい」

「子どもが独立する前に、家族の思い出をつくるため、海外旅行に行きたい」

「いつかは会社を辞め、自分で事業を起こしたい」


といった思いを抱いている方にとっても、投資、中でも新NISAを利用した「カンタン・安全・確実」な投資は、力強い味方となってくれるはずです。

ただ、お金を安全に大きく育てるには、とにかく時間がかかります。

ですから、特に今まで投資をしたことのない方は、**できるだけ早く新NISAの**口座を開き、投資を始めていただきたいのです。

ここがポイント！

・新ＮＩＳＡの登場で、「誰でも投資ができる」「資産が増やせる」時代に。

・投資を始めて数年は、あまり大きくもうからない。それで、モチベーションを落としてやめてしまう人もいるが、非常にもったいない。

・長期的な目線で「お金が育つのを待ってほしい」がプロの本音。

3000円

新NISA

投資

5

新NISA版 3000円投資生活で、お金の不安はグッと減らせる

多くの日本人は、今まで投資をしてこなかった

これまで見てきたように、投資をし、お金に働いてもらうことは、老後に備えるためにも、お金の心配をすることなく人生を楽しむためにも、非常に有効な手段です。

ところが、多くの日本人は、今まで投資をしてきませんでした。投資よりも、銀行や郵便局など、金融機関にお金を預けること（預貯金）を重視してきたからです。

２０２２年3月末時点の日本とアメリカとヨーロッパ（ユーロエリア）の状況を比べた、74ページのグラフをご覧ください。

日本の現金・預金の割合が飛び抜けて高く、債務証券や投資信託、個別株式等を

買っている人（投資をしている人）の割合が低いことがおわかりいただけると思います。

おそらく、みなさんの中にも、子どものころや若いころ、親や先生から「お小遣いやお年玉は、きちんと貯金（預金）しなさい」と言われてきた人がたくさんいらっしゃるでしょう。

こうした日本人の預貯金好きは、国の政策によって生まれたものです。

特に第二次世界大戦後、ボロボロになった国の経済を立て直すためには、人々のお金を一度金融機関に集め、金融機関がその

家計の金融資産構成

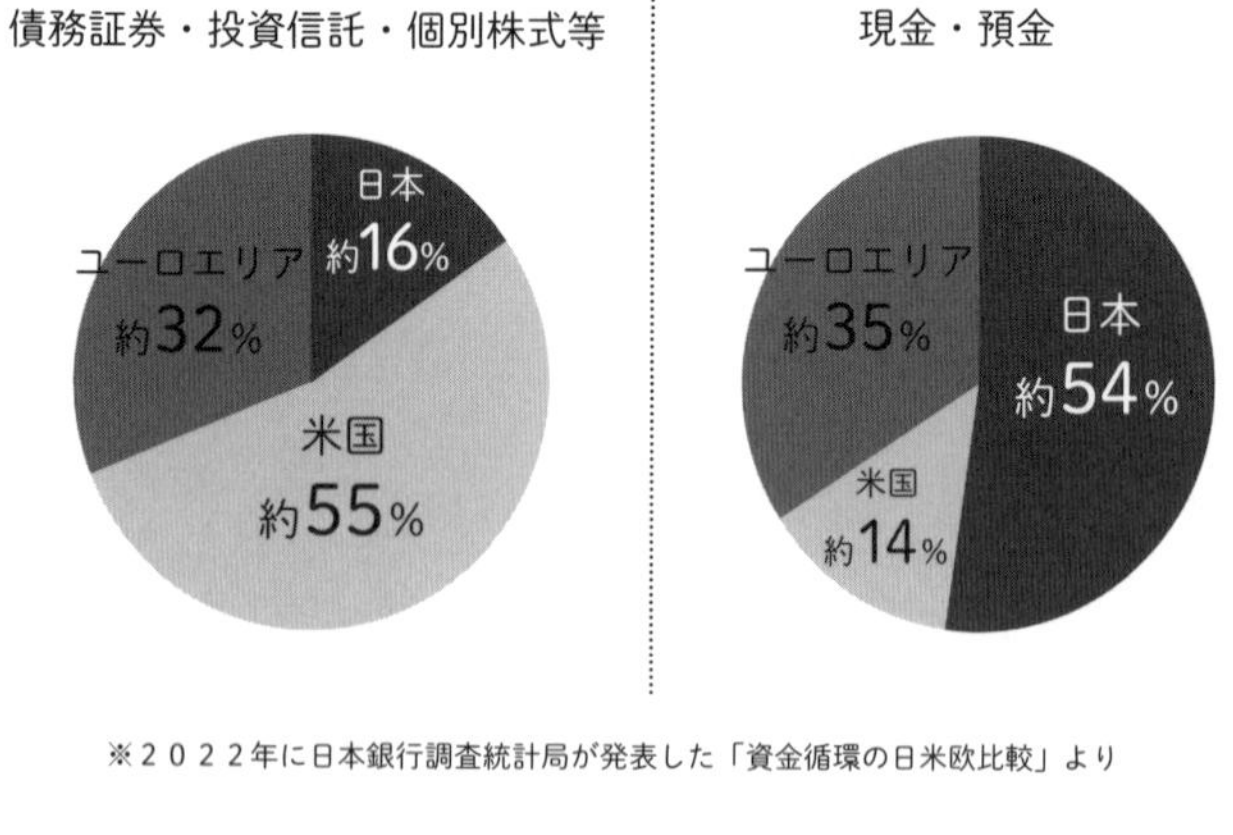

※２０２２年に日本銀行調査統計局が発表した「資金循環の日米欧比較」より

お金を会社に貸し、産業を活性化させるというシステムが必要でした。

そのため、国は、「貯金をすることはいいことである」という価値観を人々に植えつけたのです。

実際に、日本では１９９０年代初めまでは、投資をしなくても、銀行や郵便局などの金融機関にお金を預けるだけでお金が増えていきました。

銀行や郵便局にお金を預けるだけで、たくさんの利息がついたからです。

たとえば、利息が８％ついた時期もありましたが、そのときに、月に2万円ずつ預金していけば、25年で約１９００万円（預けたお金が６００万円、利息が約１３００万円）もの資産を作ることができます。

それなら、たしかに投資をする必要はありません。

だからこそ、少し前までの日本人は、預貯金でどんどんお金を増やしていたし、預貯金に大きな信頼を置いてきたのです。

時代は、「貯蓄から投資へ」。質のよい投資信託が増えている

ところが、バブル経済が崩壊し、多くの金融機関が危機に陥ると、それまでのやり方が行き詰まりを迎えました。

すでにお伝えした通り、利息はどんどん下がり、今では0・001～0・3％程度。

日本人の給料の額も横ばい状態が続いています。

そこで、国は方針を変えました。

それまでは、国全体の経済を成長させるため、「人々が銀行や郵便局への預貯金を通してさまざまな会社にお金を貸し、利息をもらってお金を増やすこと」をすす

めていましたが、今度は「人々が個別の株式や債券、投資信託などを買うこと（投資）によってさまざまな会社に直接お金を貸し、利息をもらってお金を増やすこと」をすすめることにしたのです。

投資にもいろいろなやり方がありますが、**国が特に重視したのは、投資信託**でした。

少ないお金で、プロが選んださまざまな会社の株式や債券を持つことができる投資信託なら、人々が安全に着実にお金を増やせると考えたからです。

しかし、かつての日本の投資信託の中には、ひどい商品もたくさんありました。国がどんなに人々に投資をすすめたくても、いい商品がなければ意味がありません。

そこで、思い切った政策を実行したのが、２０１５年から２０１８年まで金融庁長官を務めていた**森信親**さんです。

金融庁では、森さんが長官になる直前の2014年からNISAをスタートさせていましたが、利用者はなかなか増えず、「貯蓄から投資へ」の動きはなかなか進みませんでした。

森さんは、その原因は、「お客さんに、質の良くない投資信託を売りつける」「お客さんに、投資信託をしょっちゅう買い替えさせて手数料を稼ぐ」など、自分たちがもうけることばかり考えて投資信託を売る、証券会社や銀行などにあると考えました。

「手数料獲得が優先されるビジネスは、そもそも社会的に続ける価値があるのでしょうか」と、講演で語ったこともあります。

そして、自分たちの利益より、お客さんの利益を優先するよう、証券会社や銀行を指導し、**お客さんの利益にならない商品は名指しで批判**しました。

また、若い人たちに早いうちに投資を始めてもらうため、２０１５年から、未成年でも証券口座を開き、投資ができるよう法律を変えました。

さらに、２０１８年からは、毎月コツコツと投資信託を買うことを応援する仕組みとして、「つみたてＮＩＳＡ」もスタートさせました。

これは、ある条件（1年あたり40万円以内、最長20年間）のもと、積立で投資信託を買って得た利益に対しては、税金がかからない」という制度です。

しかも森さんは、つみたてＮＩＳＡの対象となる投資信託やＥＴＦの条件を細かく設定し、それをクリアした投資信託に金融庁のお墨つきを与えました。

こうした森さんの努力によって、お客さんのお金を増やし、経済の成長にもつながるような質の良い投資信託が少しずつ増え、初めての人でも安心して投資を始められるような仕組みが整っていったのです。

新NISAは、100点満点中90点の制度

従来のNISAがスタートして9年、つみたてNISAがスタートして5年がたち、日本でも今、投資を始める人が少しずつ増え始めています。

NISAやつみたてNISAの利用者数や買付額は増えており、2022年9月末時点で、NISAの総口座数が約678万口座、総買付額が**約19兆5000億円**、つみたてNISAの総口座数が約466万口座、総買付額が**約1兆6000億円**に達しています。

2022年9月末時点の年代別NISA・つみたてNISAの口座数・買付額は、特に30歳代と40歳代で多く、つみたてNISAの**利用者の9割が投資未経験**者です。

こうした中で、満を持しての登場となるのが新NISAです。

NISA制度の見直しについては、「経済成長に必要な成長資金の供給を促すと

ともに、人生１００年時代にふさわしい家計の安定的な資産形成を支援していく観点から」２０２０年度税制改正大綱に盛り込まれ、以後、さまざまな議論が行われてきました。

最終的な新ＮＩＳＡの制度が発表されたときには、正直言って私自身、「ずいぶんと思い切った見直しを行ったものだ」と驚き、大変興奮したのを覚えています。従来のＮＩＳＡやつみたてＮＩＳＡのさまざまな制限が、まさかここまで改革されるとは思ってもいなかったのです。

利用者の立場から採点すると、私は、新ＮＩＳＡは、投資制度としては１００点満点、厳しく見ても90点以上に値すると思っています。

新ＮＩＳＡは、まさに人々が投資によって安全に、着実に資産を形成できるよう、国が用意した制度だといえます。

みなさん、このまたとない機会を、決して逃さないようにしてください。

3000円
新NISA
投資
6

投資を始めると「貯金体質」「お金持ち体質」になれる

「3000円投資生活」で人生が変わった人がたくさんいる

『はじめての人のための3000円投資生活』を出版してから7年間、私は、

「とてもシンプルでわかりやすく、面倒なことはほとんどなかった」
「少しずつでも、着実にお金が増えていくのがうれしい」
「こんなことなら、もっと早く始めておけばよかった」

といった声をたくさんいただいています。
「投資なんかやらなければよかった」といったご意見は、幸いなことに、今のところいただいていません。

特に、『貯金感覚でできる3000円投資生活デラックス』では、2018年に

スタートしたつみたてＮＩＳＡを利用し、「楽天・全世界株式インデックス・ファンド」もしくは「ＳＢＩ・Ｖ・全世界株式インデックス・ファンド」という投資信託を積立で買うことをおすすめしたのですが（これらの商品については、ＰＡＲＴ２であらためて説明します）、それを実践した方からは、

「資産がどんどん増えている」
「将来に対する不安がかなり減った」
「人生に希望が持てるようになり、生活が楽しくなった」

といった声を、非常にたくさんいただいています。

しかし、新ＮＩＳＡでは、つみたてＮＩＳＡよりもさらに多くの金額を、長い時間をかけて投資にまわすことができ、しかも受け取り時の利益にはずっと税金がかかりません。

これからどれほど多くの人が投資の面白さを知り、資産を大きく増やし、人生を変えていくのか、私は楽しみで仕方がありません。

投資を始めると、お金に対する考え方が変わり、新しい世界が広がる

さらに、投資を始めて、お金に対する考え方が変わったという方も少なくありません。

「『節約して貯金するだけ』の生活は少し辛かったけれど、貯金と並行して投資を始めてからは、節約するのが楽しくなった」

「ついつい誘惑に負けて無駄遣いしそうなとき、**『このお金を投資にまわそう』**と思うと我慢ができる」

これらも、３０００円投資生活を始めた方から寄せられた声です。

何らかの目的があって「お金を貯めなければ」と思っても、支出をひたすら削り、我慢し、貯めるだけでは、人はなかなかモチベーションを維持できません。

超低金利の今の時代、どれだけ欲しいものを我慢し、貯金しても、「1」はいつまでたっても「1」のままですから、「我慢したわりに、見返りが少ない」と感じ、フラストレーションがたまったり、むなしさを感じてしまったりすることもあるでしょう。

その点、投資の場合は、カンタン・安全・確実なやり方さえ選べば、「1」が「1・1」「1・2」……と少しずつ増えていく可能性があります。

「投資できる額が増える」と思えば、節約にも身が入るようになるでしょう。

投資を始めた結果、**「ただ貯金だけをしていたときよりも、貯金体質になった」**という人が意外と多いのです。

また、投資を始めると、新しい世界が広がります。

口座を開き、実際に商品を買うことで、今まであまり経済や社会の動きに関心がなかった人が、「よく知っているこの会社の株価は、こんなに高かったのか」と思ったり、「日経平均株価」や「始値《はじめね》」「終値《おわりね》」といった言葉を身近に感じたりすることもあるでしょう。

「自分は大胆な性格だと思っていたけれど、投資に関しては慎重で、利益は少なくてもリスクが小さいほうを選んでしまう」「自分は臆病《おくびょう》だと思っていたけれど、こんなに投資にはまるとは思わなかった」といった具合に、新たな自分を発見する人もいるかもしれません。

投資はきっと、金銭的にも精神的にも、みなさんの人生や生活をより豊かにしてくれるはずです。

この本を読み、最低限の情報、そして金融商品を買う際のちょっとしたコツを手に入れたら、さっそく３０００円投資生活を始めてみましょう。

ここがポイント！

・新NISAは、「利用しなければ損！」。
早く投資を始めた人ほどトクをする。

・投資を始めることでお金の知識が身につき、
家計のムダがなくなる人は多い。

・コツコツ投資をしていけば、学費、ローン、老後の資金など
人生で役立つ「資産」が作れる。
仕事の収入＋投資で得た利益で人生設計をする時代に。

新NISA

PART

2

新NISA版「3000円投資生活」なら「貯金感覚」でコツコツ増える

3000円
新NISA
投資
7

はじめての投資は、ネット証券でラクラクスタート

初めて投資に挑戦するなら、ネット証券がおすすめ

では、いよいよ、投資を始めるための準備に取りかかりましょう。

最初にするべきことは、証券会社を決め、口座を作ることです。

そのためにも、具体的にどのような会社で口座を作ることができるか、きちんと調べる必要があります。

まず、証券会社には、全国にお店を持ち、対面やネットで金融商品を売る店舗型証券と、特にお店を持たず、ネットだけで金融商品を売るネット証券があります。

野村証券や大和証券など、店舗型証券の多くは大手で、歴史があり、営業担当者が手続きや商品について詳しく説明をしてくれるという安心感もありますが、その分、手数料が高くなりがちです。

一方で、ネット証券は歴史が新しく、自力で手続きをしたり、商品を選んだりする必要がありますが、品揃えが豊富で手数料が安く、営業担当者から余計な商品をすすめられることもありません。

特に、初めて投資に挑戦する方には、私はネット証券をおすすめします。

日本にはさまざまなネット証券があり、会社によって、取引できる商品や手数料などに違いがありますが、3000円投資生活を始める方は、**「楽天証券」「SBI証券」「マネックス証券」**などで口座を開くことをおすすめします。

この本でおすすめする商品がすべて揃っているうえ、手数料が比較的安く、使い勝手もいいからです。

ネット証券で口座の開設をしよう

新NISAで投資を始めるためには、NISA口座を開設する必要があります。

いずれの証券会社でも、ＮＩＳＡ口座を単体で開設することはできません。

その証券会社に総合（課税）口座を持っている場合は、ＮＩＳＡ口座を追加で開設し、総合口座を持っていない場合は、総合口座とＮＩＳＡ口座をまとめて開設することになります。

総合口座を持っていない場合は、その証券会社の「口座開設」のページを見てみましょう。

たいていは、まずメールアドレスを入力し、送信する（メールアドレスを登録する）形になっているはずです。

その後は、

①メールアドレスに届いた確認メールに記載されているＵＲＬ（口座申込みのページ）に飛ぶ。

↓

②スマートフォンで運転免許証もしくは個人番号カードを撮影しアップロードする。
↓
③顔写真の撮影をする
↓
④氏名・住所などの本人情報を入力し、ログインパスワードを登録し、NISA口座を同時に申し込む。
↓
⑤審査完了後、メールでログインIDが送られてくる。
↓
⑥証券会社のサイトにログインし、初期設定を行う。

といった流れになるはずです。

②で運転免許証・個人番号カード以外の本人確認書類を利用する場合や、スマー

トフォンでなくパソコンから本人確認書類を提出する場合は、ログインＩＤと初期パスワードが書留郵便で送られてきます。

すでに総合口座を持っている場合は、証券会社にログインして、ＮＩＳＡ口座の申し込みを行い、本人確認書類をウェブ、もしくは郵送で提出し、税務署での審査を経て、手続きが完了することになります。

なお、総合口座を開設する際、必ず「口座種別」（納税方法）を選択することになります。

具体的には、「特定口座　源泉徴収あり」「特定口座　源泉徴収なし」「一般口座」のいずれかを選ぶことになりますが、新ＮＩＳＡでの投資がメインで、課税口座をほとんど利用しないのであれば、「特定口座　源泉徴収なし」を選んでおくと良いでしょう。

3000円
新NISA
投資

8

買うべきものはたった一つ。「投資信託」という便利な商品

３０００円投資生活で買うのは、投資信託一択

初めて証券口座を開き、ネット証券のサイトを見た人は、扱われている商品の数にびっくりされるのではないでしょうか。

世の中には、たくさんの金融商品があります。

株式、債券、投資信託、外貨預金、ＦＸ、金や銀やプラチナ、不動産投資……と種類もさまざまですし、それぞれにおびただしい数の銘柄があります。

あまりの選択肢の多さに面倒くささを感じ、嫌気がさしてしまう人もいるかもしれませんが、ご安心ください。

３０００円投資生活で買うべきものは、基本的には**「投資信託」**だけです。

具体的な銘柄も決まっていますが、ここではまず、投資信託とはどのようなものなのか、簡単にお話ししておきましょう。

「投資」と聞いたとき、ほとんどの人は「個別株式」を連想するでしょう。

たしかに、順調な会社や安定している会社、これから成長していく会社などの株式を買っておくと、将来、お金が増える可能性があります。

ただ、投資初心者が、自分自身で世界中の会社について調べ、「今、どこの会社が順調か」「今後、どこの会社が成長するか」などと判断するのは非常に大変です。

その判断を投資の専門家がやってくれるのが投資信託です。

投資信託なら、少ないお金でたくさんの会社の株式を持つことができる

投資信託を買うことは「お店でおかずがたくさん入ったお弁当を買うこと」に近いといえます。

自分一人のために、おかずがたくさん入ったお弁当を作ろうと思うと、どうしても材料費や手間がかかりますが、お店で買えば、安くラクにそうしたお弁当を手に入れることができます。

そしてお弁当屋さんは、多くのお客さんに売るからこそ、材料をたくさん集め、味や栄養のバランスを考えてお弁当を作り、利益を上げることができます。

同じように、投資信託は、投資の専門家が、たくさんの人から集めたお金で世界中の株式を買い、利益が上がるように組み合わせたものです。

自分で一生懸命考えて、個別株式を買い集めなくても、投資信託を一つ買うだけで、さまざまな会社の株式を持つことができるのです。

しかも、投資信託はとても安く買うことができます。

将来的にお金を増やせそうな株式を買うには、安くても10万円前後のまとまったお金が必要ですが、投資信託の中には、１００円から買うことができるものもあります。

このように、投資信託には、**「少ないお金で、専門家が選んださまざまな会社の株式などを持つことができる（投資できる）」**という大きな長所があります。

投資の先進国ともいえるアメリカでは、投資信託は、人々が手を出しやすく、安全にお金を増やすことができる商品として、確固たる地位を築いているのです。

投資信託が成熟し、良質な商品が増えてきた

ただ、投資信託の中には、買った人が損をする危険性の高い商品、高い手数料を取っているわりに利益が低い商品もあります。

私は、投資信託は、「日本や世界の有望な会社に活動のためのお金を提供し、社会全体を元気にするための商品」「買った人が、安全に着実にお金を増やすための商品」だと思っていますが、証券会社や銀行などの中には、投資信託を「自分たちだけがもうけるための商品」としか考えていない人たちもいます。

彼らは、安全性が高い商品や顧客の資産を増やす商品ではなく、たとえ顧客が損をする危険性が高くても、売りやすい商品、自分たちに支払われる手数料が高い商

品を多く作り、お客さんにすすめます。

あるいは、顧客にとっては「良い投資信託を長く持つこと」が一番いいのに、売買手数料を稼ぐため、顧客に頻繁に投資信託の買い替えをすすめます。

そのため、日本では、投資信託を買ったせいで損をし、投資信託に対してネガティブな印象を抱いている人が少なくありません。

しかし、新ＮＩＳＡで買うことのできる投資信託は、金融庁の基準を満たしたもののだけですので、過去に存在したような、ひどい投資信託は排除されています。

これも新ＮＩＳＡで投資をするうえでの、嬉しいポイントです。

基本的には、比較的手数料が低く、しっかり分散投資されているものが選ばれていると考えられるため、新ＮＩＳＡで買える投資信託なら安全性が高いといえるでしょう。

もちろん、その中にも良し悪しはあります。

買うべき具体的な商品はこれからご紹介しますので、参考になさってください。

3000円
新NISA
投資
9

プロが教える「後悔しない」「買うべき」投資信託を教えます

安全に資産を増やすためには、この３種類の投資信託を買おう

では、いよいよ、買うべき投資信託の具体的な銘柄をお伝えしましょう。

新ＮＩＳＡを利用して、安全に、かつできるだけ利益が見込める投資をするにはどうすればいいのか。

現時点で私がおすすめするのは、

①全世界株式インデックスファンド
②全米株式インデックスファンド
③新興国株式インデックスファンド

の３種類を、積立で買うことです。

具体的な銘柄は、次ページの通りです。

①全世界株式インデックスファンド

「楽天・全世界株式インデックス・ファンド（楽天VT）」
（楽天投信投資顧問）

または

「SBI・V・全世界株式インデックス・ファンド（SBI・VT）」
（SBIアセットマネジメント）

②全米株式インデックスファンド

「楽天・全米株式インデックス・ファンド（楽天VTI）」
（楽天投信投資顧問）

または

「SBI・V・全米株式インデックス・ファンド（SBI VTI）」
（SBIアセットマネジメント）

③新興国株式インデックスファンド

「eMAXIS Slim　新興国株式インデックス」（三菱UFJ国際投信）

また、**①：②：③＝6：3：1**の割合で買うことをおすすめします。

もっとも、月々1000円以上からしか積立できない証券会社もあるので、まず月々3000円から投資を始めるのであれば、

メインの①だけを3000円分買う

①を２０００円分、②を１０００円分買う
のいずれかにするといいかもしれません。
その後、たとえば月々１万円を投資にまわすようになったら、

①を６０００円分ずつ
②を３０００円分ずつ
③を１０００円分ずつ

毎月買うように設定しましょう。

将来性に期待でき、手数料も安いインデックスファンド

では、私がこれらの商品をおすすめする理由をお伝えしましょう。

まず、①の「楽天ＶＴ」「ＳＢＩ ＶＴ」、および②の「楽天ＶＴＩ」「ＳＢＩ ＶＴＩ」は、いずれも、

・安全性が高く、これまでの実績を見ると、利回りが良い（利益が大きい）
・手数料が安い

といった特徴があって、リスクが低めであり、成長の度合いを表す利回りもしっかり出ているからです。

これらの商品を提供している投資の専門家たちは、いろいろな会社の株式などをバランスよく買い、対象となる「指数」に連動するよう努力しています。

「指数」とは株価指数のことで、複数の株価を対象別にまとめ、平均化したものを意味します。

対象とする株価や計算方法により、指数にも「日経平均」「ＮＹダウ」「Ｓ＆Ｐ５００」など、さまざまな種類があります

「楽天・全世界株式インデックス・ファンド」など、「インデックスファンド」という言葉が入っているのは、こうした指数に近い値動きを目指している投資信託のことです。

インデックスファンドには、日本の株式を対象としたもの、先進国の株式を対象としたもの、新興国の株式を対象としたもの、全世界の株式を対象としたものなど、さまざまなものがありますが、たとえば日経平均株価を指数としたインデックスファンドなら、原則として、日経平均株価に採用されている銘柄が投資対象となっ

ており、日経平均株価の動きに連動するように構成が組まれています。
つまり、日経平均株価が上がれば、そうしたインデックスファンドの基準価額も上がり、株価が下がれば、インデックスファンドの基準価額も下がるわけです。

インデックスファンドの基準価額の動きはゆるやかで、しかも日本の経済や先進国の経済、新興国の経済などに成長する余地や可能性がある限り、それらに関係する株価は上がり、インデックスファンドの基準価額も上がります。
また、どの会社の株式をどのくらい買うかは、指数を基準に自動的に決まるため、商品を提供する側の手間があまりかからない分、手数料は比較的安いのです。

このように、インデックスファンドには、大もうけも大損もない代わり、長期視点でとらえると将来性に期待でき、手数料も安いという特徴があるのです。

投資信託ならマイクロソフト社やアップル社の株式を持つことができる

ここでみなさん、ぜひパソコンやスマホで、

「商品名（楽天・全世界株式インデックス・ファンドなど）　資産構成」

で、**検索**をかけてみてください。

ちなみに、資産構成とは、「その投資信託がどのような国や企業の株式や債券によって構成されているか」「その投資信託の運用を任されている投資の専門家が、どのような割合でその株式や債券を買っているか」を表すものです。

このキーワードで検索をかけると、その投資信託の資産構成がわかるのです。

たとえば、「楽天・全世界株式インデックス・ファンド　資産構成」で検索をすると、113ページのような結果が出てきます。

次に、「楽天・全米株式インデックス・ファンド　資産構成」で検索をすると、114ページのような結果が出てきます。

つまり、「楽天VT」にしろ「楽天VTI」にしろ、それを買うだけで、**マイクロソフト社やアップル社**、**アマゾン社**など、世界の有名な会社の株式を手に入れることができます。

しかも、投資信託なら毎月少しずつ、積立で買うことができるのです。

楽天・全世界株式インデックス・ファンド

国別配分比率（2022 年 11 月 30 日現在）

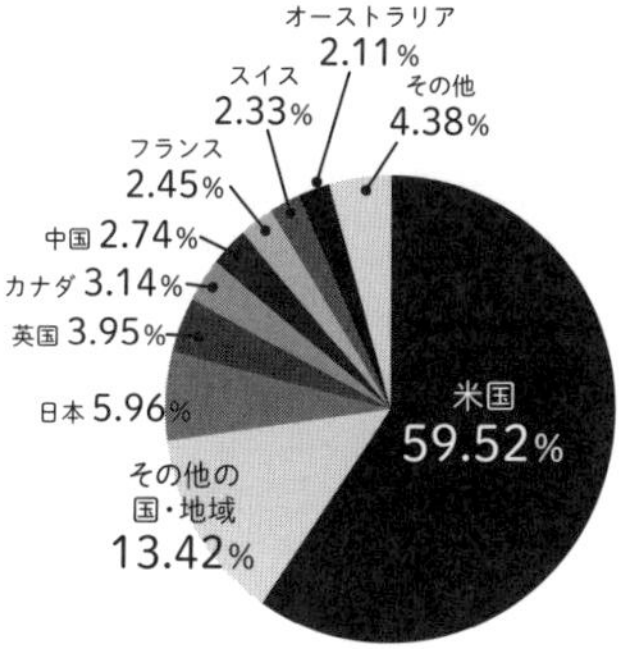

組入上位銘柄（2023 年 1 月 31 日現在）

順位	銘柄	国・地域	業種／セクター	組入比率
1	Apple Inc.	米国	テクノロジー	3.00%
2	Microsoft Corp.	米国	テクノロジー	2.80%
3	Amazon.com Inc.	米国	一般消費財	1.20%
4	Alphabet Inc. Class A	米国	テクノロジー	0.80%
5	UnitedHealth Group Inc.	米国	ヘルスケア	0.80%
6	Johnson & Johnson	米国	ヘルスケア	0.70%
7	Alphabet Inc. Class C	米国	テクノロジー	0.70%
8	Berkshire Hathaway Inc.Class B	米国	金融	0.70%
9	Exxon Mobil Corp.	米国	エネルギー	0.70%
10	JPMorgan Chase & Co.	米国	金融	0.60%

楽天・全米株式インデックス・ファンド

国別配分比率（2022年11月30日現在）

組入上位銘柄（2023年1月31日現在）

順位	銘柄	国・地域	業種／セクター	組入比率
1	Apple Inc.	米国	テクノロジー	5.10%
2	Microsoft Corp.	米国	テクノロジー	4.70%
3	Amazon.com Inc.	米国	一般消費財	1.09%
4	Alphabet Inc. Class A	米国	テクノロジー	1.40%
5	Berkshire Hathaway Inc. Class B	米国	金融	1.40%
6	United Health Group Inc.	米国	ヘルスケア	1.30%
7	Johnson & Johnson	米国	ヘルスケア	1.20%
8	Alphabet Inc. Class C	米国	テクノロジー	1.20%
9	Exxon Mobil Corp.	米国	エネルギー	1.20%
10	JPMorgan Chase & Co.	米国	金融	1.00%

全世界株式インデックスファンドには、世界中の株式が含まれている

さて、全世界型の「楽天VT」「SBI VT」は、いずれも「FTSEグローバル・オールキャップ・インデックス」という同じ指数に基づいて投資先が決められています。

「楽天VT」は、すでに成果を上げていて実績もあり、多く買われています。

つまり、**信頼感があるということです。**

ただ、「信託報酬」という手数料は最安ではありません。

一方、「SBI VT」は、「楽天VT」に対抗して新たにつくられたものです。指数は「楽天VT」とまったく同じで、**信託報酬は「楽天VT」よりも安く設定**されており（2023年3月時点）、今後多くの人に買われることになると予想されます。

全世界株式インデックスファンドの魅力は、世界中の会社の株式がバランスよく含まれている点にあります。

もしどこかの国、どこかの地域で何かしら問題が起こり、その国や地域の会社の株価が大きく下がっても、ほかの国や地域の会社の株価が影響を受けなければ、ある程度カバーできるわけです。

次に、全米型の「楽天ＶＴＩ」「ＳＢＩ ＶＴＩ」は名前通り、ほぼ１００％アメリカの会社の株式で占められています。

全米株式インデックスファンドの魅力は、何と言っても、その**利回りの良さ**です。

万が一アメリカで大きな事件が起こったときには、価値が大きく下がってしまう危険性がありますし、２０２３年３月時点ではインフレなどの影響で一時的に基準価額が下がっていますが、ここ数年は非常に高い利回りを維持していました。

安全性と利益のバランスを考えると、**現時点ではベスト**の商品だといえるでしょう。

危険性は高いが、成長も見込める新興国株式

最後に、「ｅＭＡＸＩＳ Ｓｌｉｍ新興国株式インデックス」についてもお話ししましょう。

これは、新興国の会社の株式を集めた投資信託で、２０２２年12月時点では、ケイマン諸島やインド、台湾、韓国、中国などの株式が特に多く含まれています。

新興国は、今後高い成長が見込める一方で、政治的・経済的に不安定で、株価が大きく下がるような事件などが起こる危険性もあります。

主な新興国としては、ブラジル、ロシア、インド、中国、南アフリカ共和国など

が挙げられますが、たとえばロシアによるウクライナへの侵攻が起こった2022年初頭、**ロシアRTS（ロシア株式市場の代表的な株価指数）が、大幅に下落**しました。

新興国株式にはこうした危険性がつきまとうため、一応おさえてはおくものの、全体の中での比率は低めにしています。

なお、みなさんが月々1万円を投資にまわし、106ページでおすすめしたような配分で投資信託を買った場合、全世界株式インデックスファンドを月々6000円分、全米株式インデックスファンドを月々3000円分買うことになります。

そして、全世界株式インデックスファンドの約60％（3600円分）と、全米株式インデックスファンドのほぼ100％（3000円分）がアメリカの会社の株式ですから、みなさんは毎月、**1万円中の約6600円分、つまり約66％をアメリカの会社に投資**することになります。

もしみなさんが投資に慣れ、ほかの投資信託を買いたいと思ったときや、購入する投資信託の配分を変えたいと思ったときは、利回りや手数料だけでなく、「その投資信託が、どの国、どの地域のどのような会社の株式を買っているのか」をきちんと確認し、**「トータルで、どの国に何パーセント投資をすることになるのか」**を常に考えるようにしましょう。

それが、ある特定の国や地域に偏りすぎず、バランスよく投資するためのコツです。

近年、**全米株式インデックスファンド**が非常に好調でしたが、それよりも全世界株式インデックスファンドの比率を高めているのは、投資先がアメリカの会社に偏りすぎるのを避け、**リスクを分散**させるためなのです。

3000円 新NISA 投資

10

投資の黄金ルールは「長期・分散・積立」

長期的な視点を持つと、お金は大きく増えていく

これまでも述べてきましたが、安全性の高い投資を行うため、投資で失敗しないために、みなさんにぜひ覚えておいていただきたいことがあります。

それは、「長期・分散・積立」という投資の基本を守ることです。

まず、「長期」とは、短い時間で大きなお金を得ようとするのではなく、長い時間をかけて、将来のための資産を育てることであり、３０００円投資生活にあてはめると、「新ＮＩＳＡで投資信託を買い、すぐに売ったりせずに持ち続けること」です。

長期的な視点をもって投資に臨むと、

・一時的な経済環境の悪化や市場の暴落などに振り回されることがなくなる
・**複利の効果で、資産がどんどん増えていく**

といったメリットがあります。

2020年の初頭から始まったコロナショックにより、世界中の企業の株価が一時的に大きく下がり、投資信託の基準価額も下がりました。
今までの歴史を見ても、1929年の世界大恐慌や、1972年のオイルショック、2007年の世界金融危機など、株価が大きく下がることはしばしばあり、個人の力で避けることはできません。

一時的に株価や投資信託の基準価額が下がり、買ったときよりも安くなったタイミングで**焦って投資信託を売ってしまえば、損**をすることになります。

過去の市場暴落
（過去95年実績 1926年～2021年12月）

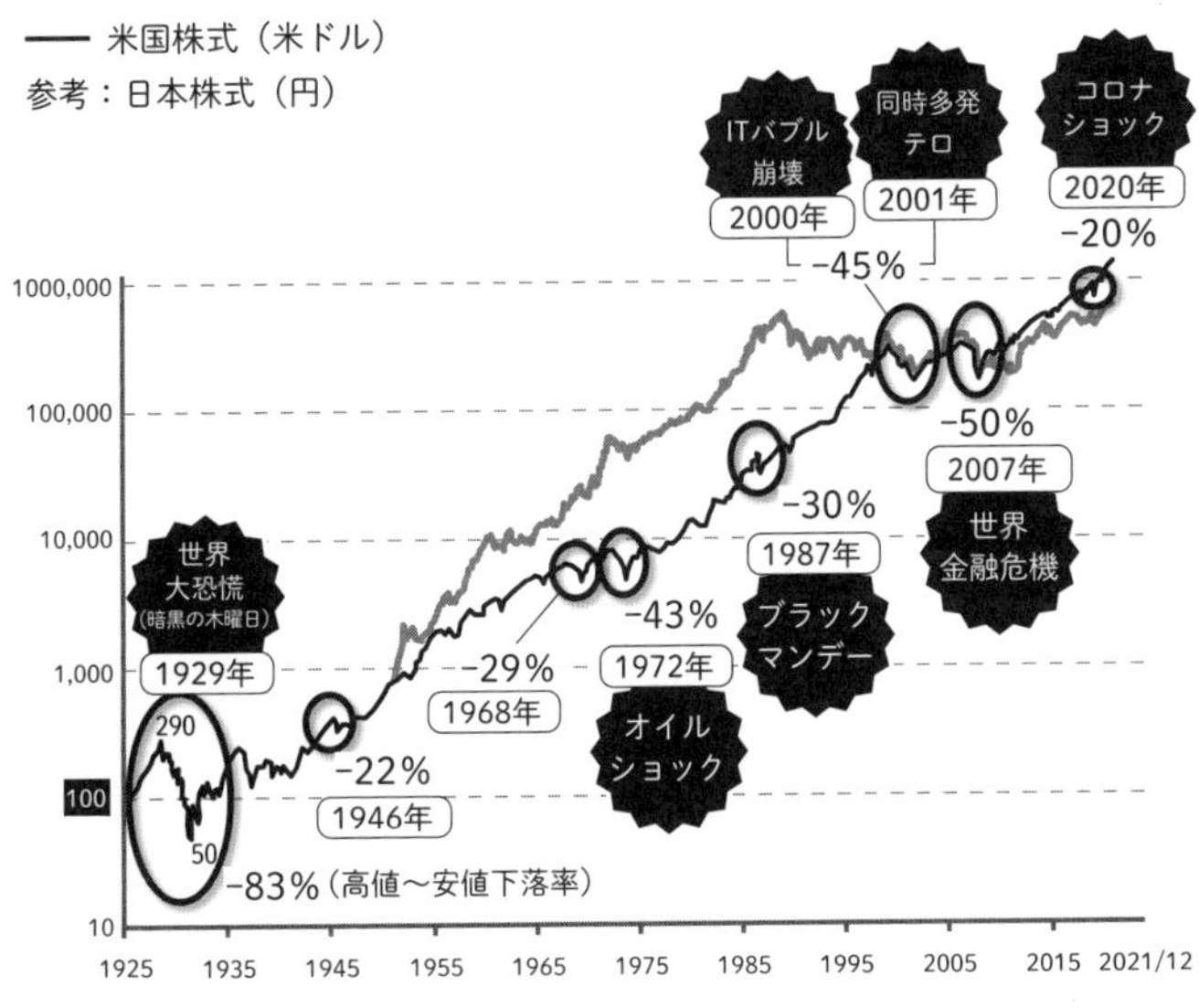

出典：myINDEX　http://myindex.jp

しかし、前ページのグラフを見ていただければわかるように、株価は、たとえ一時的に大きく下がっても、やがて下がる前以上にまで回復し、全体として右肩上がりの成長をしていきます。

株価や投資信託の基準価額が下がっても、決して焦らずあわてず投資信託を持ち続ければ、いずれ高い確率で基準価額は上がってくるのです。

しかも、PART1でお伝えしたように、投資信託を長く持てば持つほど、複利効果が効いて、お金はどんどん増えていきます。

利益が積み上がっていけば、多少世の中の景気が悪くなっても、元本を割るほどのダメージを受けることは少なくなるのです。

投資先を分散させると、リスクも分散される

次に、「分散」とは、複数の国や地域、業種の会社に投資をする、値動きの異な

るものを組み込む、商品を数回に分けて買うなど、投資対象や投資タイミングを分散させることです。

投資には多かれ少なかれ、リスクがつきまといます。

金融商品や不動産への投資はもちろんですが、銀行への預金にも「金利の低下」や「銀行の破たん」といったリスクがあります。

そうしたリスクを減らすもっとも効果的な方法は、「**分散投資**をすること」です。

たとえば、みなさんが4万円の資金を持っていて、それをすべてA社の株式だけに注ぎ込んだとすると、A社の株価が暴落したり、A社が倒産したりしたとき、たちまち損をしてしまいます。

しかし、4万円でA社、B社、C社、D社の株式を買う、といった具合にすれば、「A社の株価の値下がり分を、C社の株式の値上がり分で相殺し、資産全体の値下がりをおさえる」といったことが可能となるのです。

そして、**投資信託なら、一つ商品を買うだけ**で、おびただしい数の会社に分散投資をすることができます。

特に、全世界株式インデックスファンドであれば、世界中のさまざまな国の会社の株式を手に入れることができ、リスクを分散させることができるのです。

積立で投資信託を買うと、タイミングによって生じるリスクも分散できる

最後に、「積立」とは、商品（3000円投資生活であれば、投資信託）を一度にたくさん買うのではなく、毎月決まった日に、決まった金額分ずつ買っていくことです。

積立で投資信託を買うと、

・月々1000円（証券会社によっては、100円や500円のことも）から買えるため、まとまった資金など必要なく、**誰でもすぐに投資**を始めることができる

・商品を買うタイミングを見計らったり、自分の買値と市場の動きを比べて一喜一憂したりすることがなく、**ラクに投資を続ける**ことができる

といったメリットがあります。

たとえば、図のような値動きをしている投資信託を1か月目に4万円分買ったときと、4か月間、毎月1万円分ずつ定額の積立で買ったときとを比べてみましょう。
1か月目に4万円分購入した場合、トータルの購入口数は4万口で、平均購入単価は1万口あたり1万円となります。
一方、毎月1万円ずつ購入した場合、2か月目のように価格が高いときには少なく、3か月目のように価格が安いときには多く購入することになり、トータルの購入口数は4・5万口で、平均購入単価は1万口あたり約9000円となります。

投資信託の基準価額は日々上がったり下がったりしており、一度に買うとしたら、

＼定額の積立投資なら安いときに多く購入できます／

以下のような値動きの場合に投資信託を最初に４万円分買ったときと、
４か月間、**毎月１万円ずつ定額で買ったとき**を比べると

	１か月目	２か月目	３か月目	４か月目	
投資信託１万口の価格推移※	１万円	２万円	５千円	１万円	
最初に４万円分購入した場合	４万円	０円	０円	０円	購入総額４万円 **購入口数 計４万口**
	４万口	０口	０口	０口	平均購入単価（１万口あたり）１万円
毎月１万円ずつ購入した場合 積立投資	１万円	１万円	１万円	１万円	購入総額４万円 **購入口数 計4.5万口**
	１万口	５千口	２万口	１万口	平均購入単価（１万口あたり）約９千円

価格が高いときは少なく購入することになります

価格が安いときは多く購入することになります

この例では毎月１万円ずつ購入していた場合のほうが、平均的な購入単価を安くすることができました。

※投資信託の取引単位は「口数」で示されます。変動する投資信託の価格は「基準価額」と呼ばれ、多くは「１万口あたり」で示されます。

出典：金融庁『つみたてNISA早わかりガイドブック』

ある程度タイミングを見極める必要があります。

基準価額が低いときを見極められればいいのですが、誤って高値づかみをしてしまう危険性も十分にあります。

積立であれば、基準価額が高いときも低いときも、機械的に一定の金額分ずつ買い続けることになります。

基準価額が低いときにはたくさん買うことになる一方で、高いときには少ししか買えず、高値づかみによるダメージがおさえられるため、長い目で見ると、結果的に購入単価が平均化されていくのです。

これなら、大もうけもできない代わりに、大損もしませんし、毎日投資信託の基準価額をチェックし、「もっと早く買っておけばよかった」「もっと待ってから買えばよかった」などと後悔しなくても済みます。

積立で投資信託を買うことは、タイミングによって生じるリスクを分散させることになるのです。

日本証券業協会の調査によると、残念ながら、「長期・分散・積立」の3つが投資のリスクを減らすのに有効だということを知っている人は、**わずか14・8%**だったそうです。（「2021年度証券投資に関する全国調査（個人調査）より」）

しかし、この本のやり方に従って、3000円投資生活を始めていただければ、新NISAという制度を利用して利益を守りつつ、「長期・積立・分散」を実践することができるのです。

ここがポイント！

・「今、投資信託の基準価格がいくらか」「今、買うべきなのか」は基本、気にする必要なし。

・毎月、決まった金額をコツコツ買う人が、一番トクをする。

・「新ＮＩＳＡという制度」「安全で優良な投資信託」を使えば、誰でもカンタンに資産を増やせる！

3000円
新NISA
投資
11

家計の見直し＋投資で1000万円貯めた夫婦の家計簿

月々3000円から投資を始め、8年で1000万円の資産を作った人も

私はこれまで、「資産を増やしたい」という切実な思いを抱えて相談にいらっしゃったみなさんに、家計の見直しと併せて、「まずは月々3000円から投資を始めること」をおすすめしてきました。

当初は、つみたてNISAという制度もなく、商品の種類も今ほど多くはありませんでしたが、安全性の高い投資信託を積立で買い、コツコツと投資するという方法をご紹介したところ、多くの方が実行し、資産を増やしておられます。

今ほど大きくリターンが見込める投資信託がなかった時代の例ではありますが、ここで、家計を見直し月々3000円から投資を始め、着実に資産を増やしていかれた、2つのご家族のケースをご紹介します。

3000円投資を始めたころ、Cさんは50歳の主婦。

3人家族で、夫は2歳上、長男は大学1年生でした。

夫の会社の業績が悪化し、650万円だった年収が550万円にダウンして、家計が逼迫《ひっぱく》。

さらに、長男の大学の初年度の学費を払ったところ、貯金がゼロになったため、家計を回復させつつ、**8年後までに、老後資金1000万円**を貯めたいと思うようになりました。

そこで、Cさんもパートで働き始め、月々手取りで11万円の収入が得られることに。

また、家計の見直しも徹底的に行いました。

それまで、「ちょっといいもの」を買う傾向が強く、食費や水道光熱費、通信費、被服費などが少しずつ膨らんでいましたが、食費は週ごと、被服費は半期ごとに予

＼ Cさんの家計簿 ／

夫（52歳 会社員）年収650万円→550万円
妻（50歳 パート）
長男 大学１年生

※ボーナスは年4か月分

家計費内訳	before	after
手取り	350,000円	460,000円
住居費	89,000円	89,000円
食費	70,000円	56,000円
水道光熱費	20,000円	17,000円
通信費	32,000円	25,000円
生命保険料	28,000円	28,000円
自動車のローン	25,000円	25,000円
生活日用品費	10,000円	6,000円
医療費	3,000円	3,000円
教育費	6,500円	6,500円
交通費	15,000円	7,500円
被服費	18,000円	5,000円
交際費	10,000円	7,000円
娯楽費	2,000円	2,000円
小遣い	35,000円	35,000円
嗜好品費	9,000円	9,000円
その他	11,000円	11,000円
支出計	383,500円	332,000円
預貯金合計	-33,500円	68,000円
大学積立金	0円	60,000円

手取り：妻がパートに。月に手取り11万円

食費：-14000円！ それまで月単位で予算を立てていたが、週単位で予算を立て、膨らみすぎないように管理

水道光熱費：-3000円！

通信費：-7000円！ 携帯電話のプランを見直し、ムダをカット

生活日用品費：-4000円！

交通費：-7500円！

被服費：-13000円！ それまで年単位で予算を立てていたが、半年単位で予算を立て、膨らみすぎないように管理

交際費：-3000円！

その他：新聞代、理・美容院代など

算を立てて管理し、携帯電話のプランを見直すなど、隠れていたムダを排除していきました。

その結果、月々の収支が黒字になったため、貯金と投資を始めることに。現金がゼロだったので、まず月収の7・5か月分を目指して、1年目は月々5万円、ボーナスから60万円、2年目は月々3・6万円、ボーナスから60万円を貯金。まる2年たったころ、ほぼ目標額に達したため、その後は額を減らしつつ、貯金を続けていきました。

家電の買い替えや住宅ローンの繰り上げ返済、家のリフォーム、夫の役職定年祝い旅行などの出費があり、8年目には貯金が120万円になりましたが、その後再び増やしています。

投資については、1年目は貯金を優先させる必要があったため、月々3000円から開始。

ボーナスのうち40万円を投資にまわし、インデックス型の投資信託を積立購入しました。

2年目は月々の投資額を2万円に増額し、ボーナスから40万円を投資。

3年目は月々の投資額を5万円に増額し、ボーナスから60万円を投資し、それを以後5年間継続しました。

また、その都度投資信託を一括購入し、投資評価額は順調に推移していきました。

投資をするようになってから、貯蓄を増やしたいという思いが、より強くなったそうです。

運用益は8年で94万円ほどでしたが、資産総額は約１０７２万円（貯金約１２０万円、投資評価額約９５２万円）になりました。

3000円投資生活を始めて

8年で

\ 総資産1072万円!! /

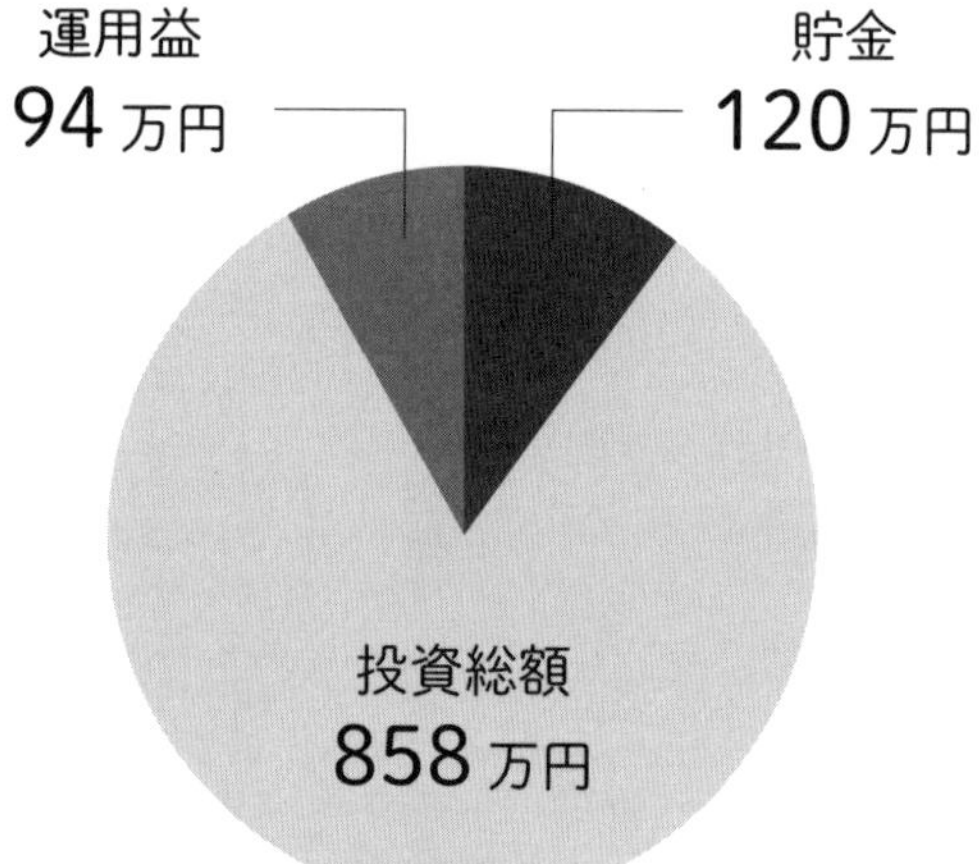

投資をすることで、将来の不安が払拭される

もう一人、月々３０００円から投資を始め、資産を増やした方の例を紹介しましょう。

３０００円投資生活を始めたころ、Ｄさんは41歳の会社員。

４人家族で、妻は3歳上、長女は小学2年生、長男は幼稚園の年中組でした。

夫婦共働きで、Ｄさんの年収は５６０万円、妻の年収は４５０万円。

財形貯蓄などにより、夫婦合わせて１２５０万円ほどの貯金がありましたが、子どもの将来のことなども考え、さらに資産を増やしたいと思うようになったのです。

３０００円投資生活を始めるにあたり、Ｄさんは家計を見直し。

Ｄさん宅の家計の特徴は、流動費はしっかり管理されているものの、貯金を死守

するため、複数のローンを抱えている点にありました。

「**自分たち夫婦や子どもたちが、将来、どのくらいのお金を必要とするか**」がはっきりしておらず、貯金を崩すことに不安を覚えていたからです。

しかし、「将来に向けて、できるだけお金を残しておきたいから」という理由で、貯金で買える自動車や家電といったものまで、わざわざローンを組んで購入し、余計な金利を払うというのは本末転倒です。

「3000円投資生活により、長期にわたってお金を運用すれば、資産を増やし続けることができる」とわかり、将来への不安がある程度払拭されたDさんは、**ローンの残債を一括で返済**することにしました。

さらに、入ったばかりだった長男の**学費用貯蓄型生命保険**は、投資を含めて増やしていく方向に転換したため**解約**。

レジャーにかかるお金などもスリム化しました。

＼ Dさんの家計簿 ／

夫（41歳 会社員）年収560万円
妻（44歳 会社員）年収450万円
長女 小学2年生　長男 5歳

※ボーナスは年4か月分

家計費内訳	before	after	
手取り	550,000円	550,000円	
住居費	154,000円	154,000円	
食費	60,000円	58,000円	-2000円！
水道光熱費	17,500円	17,000円	-500円！
通信費	16,000円	16,000円	
生命保険料	28,000円	28,000円	
学費用生命保険料	20,000円	11,000円	-9000円！ あまりリターンのよくない学費用の貯蓄型生命保険。加入したばかりの長男の分を解約
自動車のローン	23,000円	0円	-23000円！ 余計な金利を払うのはムダなので、貯金を切り崩してローンを一括完済
生活日用品費	7,000円	6,500円	-500円！
医療費	2,000円	2,000円	
教育費	55,000円	55,000円	
交通費	1,000円	1,000円	
被服費	10,000円	7,000円	-3000円！ 「かわいいから」といった理由での子供服の衝動買いをセーブ
交際費	5,000円	5,000円	
娯楽費	13,000円	10,000円	-3000円！ お金のかからないレジャーを楽しむように
小遣い	56,000円	56,000円	
嗜好品費	0円	0円	
その他	8,000円	8,000円	ガソリン代、理・美容院代など
家電ローン	18,000円	0円	-18000円！ 余計な金利を払うのはムダなので、貯金を切り崩してローンを一括完済
支出計	493,500円	434,500円	
預貯金合計	56,500円	115,500円	

そのうえで、貯金については、月々の黒字分を貯蓄し、財形貯蓄に毎月4万円ずつまわしていたのを半分に減額。

投資に関しては、財形貯蓄の減額分と、ボーナスから100万円の予算をとり、積立で投資信託と個人向け国債を購入しました。

1年目は、月々3000円のバランス型ファンドを購入。

半年後、月の積立額を2万円に、さらに2年目からは4万円に、5年目からは5万円に増額。

5年目以降はスポット購入も頻繁に行いました。

投資評価額は順調に推移し、Cさん同様、今に比べればリターンは控えめと言えますが、10年で130万円の運用益を得、資産総額は2330万円（貯金765万円、投資評価額1565万円）になりました。

ローンの一括返済などにより、貯金額は当初より減りましたが、余計な金利の支

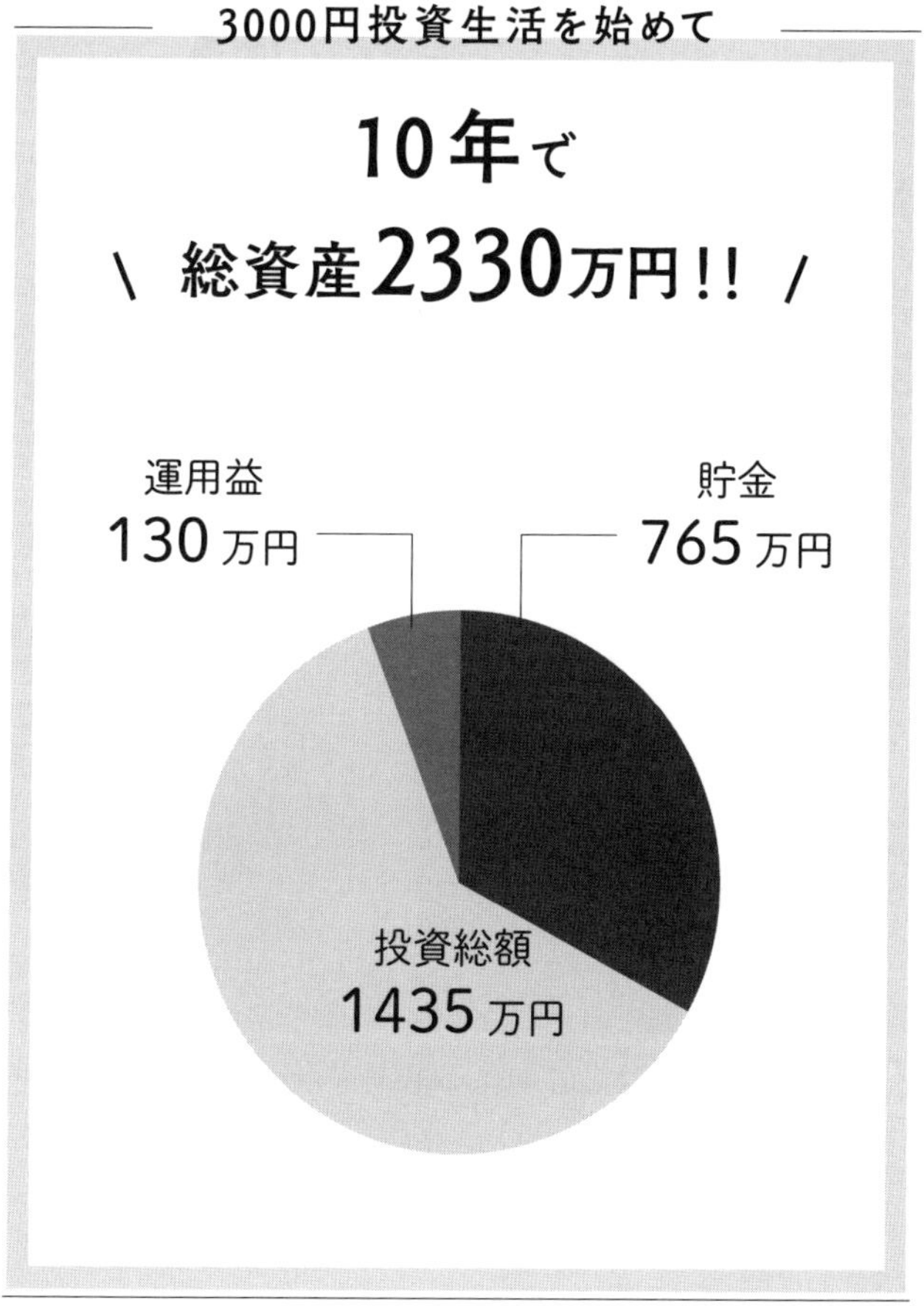
3000円投資生活を始めて
10年で
＼ 総資産2330万円!! ／
運用益
130万円
貯金
765万円
投資総額
1435万円

払いがなくなり、その分を投資にまわせたことで、資産形成のスピードがアップ。

住宅ローンの繰り上げ返済も順調で、当初の予定より5年も早く完済予定です。

投資を始めると、お金はこのように増えていく

いかがでしょう。

安全性の高い投資信託を積立で買っていくコツコツ投資でも、資産を大きく増やすことができることがおわかりいただけたでしょうか。

しかもこれから、CさんやDさんが投資を始めたころにはなかった、新NISAという制度が始まります。

コツコツ投資をして、資産を増やしていくことは、夢を実現させたり、将来の不安を減らしたりするうえでとても大切なことです。

もちろん、誰もが最初は投資初心者です。

それでも、キチンと家計を見直し、長期にわたって投資を続けていけば、Ｃさんや Ｄさんのように資産を増やし、安定した生活を手に入れることができます。

新ＮＩＳＡが始まる「これからの時代」は、ＣさんＤさんと同じように、「家計の見直し＋投資」が私たちの人生をさらに豊かなものにしてくれるはずです。

さらに今は、「楽天ＶＴ」や「ＳＢＩ　ＶＴ」をはじめ、安全性も利回りも高い商品が増えています。

今後、新ＮＩＳＡを利用し、そうした商品をコツコツと運用していくことで、これまで以上に早く、大きく資産を増やすことができるのではないかと思います。

3000円
新NISA
投資

12

『3000円投資生活』を読んで、投資をやってみた人の結果は⁉

つみたてNISAで投資を始めたお二人の事例

ここでは2019年に発刊した『貯金感覚でできる3000円投資生活デラックス』でおすすめした方法で投資をやってみたというお二人の例をご紹介しましょう。

このお二人は、つみたてNISAが始まる前から投資信託を購入していたため、ある程度投資には慣れており、初年度からつみたてNISAの年間の投資上限額（40万円）、満額投資しています。

また、ほぼ3年間同じ金額で、同じ商品を買い続けていますので、**「もし、2020年から本の通りに年40万円投資をしたら、どうなったか？」**が非常に比較しやすいといえます。

さらにこの本でもおすすめしている「楽天VT」「楽天VTI」「eMAXIS Slim 新興国株式インデックス」だけを買われているので、これから投資を始める方にとっても参考になるのではないでしょうか。

Eさん（40代、男性）は、２０２０年３月から、楽天証券で投資をスタート。最初から年40万円の満額投資をしており、月々の投資額の内訳は以下の通り。なお、２０２０年の１月と２月は投資をしていなかったため、この年は月４万円ずつ投資にまわし、２０２１年からは月３万３３３３円ずつ投資にまわしています。

・２０２０年３月～12月
「楽天ＶＴＩ」（全米）：２万円、「楽天ＶＴ」（全世界）：１万円、ｅＭＡＸＩＳ Ｓｌｉｍ新興国株式インデックス：１万円（１か月分、引落口座の残高不足で購入できなかった月あり）。

・２０２１年１月～２０２２年12月
「楽天ＶＴＩ」：２万円、「楽天ＶＴ」：１万円、ｅＭＡＸＩＳ Ｓｌｉｍ新興国株式インデックス：３３３３円

・2022年12月以降

投資配分を変え、「楽天VT」：2万円、「楽天VTI」：7000円、eMAXIS Slim新興国株式インデックス6333円

「投資9」で説明した通り、「楽天VTI」はほぼ100％、「楽天VT」は約60％がアメリカの会社の株式ですから、Eさんのポートフォリオはかなりアメリカの比重が高く、新興国もやや多めであるといえます。

たしかに、現時点では「楽天VTI」のリターンが非常に高いので、ここ数年、「楽天VTI」を多めにしていたのは正解だったかもしれません。

また、2022年に新興国を増額したのは、Eさんいわく、ロシアのウクライナ侵攻を受けて2022年3月に大きく下落し復調しないのを見て、「戦争など世界の混乱が続く以上、新興国はしばらく低空飛行を続けるかもしれないが、世界の情勢がよくなれば再び上昇するのでは」と考え、配分を増やしたとのこと（なお、2020年が月1万円と多めなのは、単にキリよく配分しただけとのこと）。

比較的リスク許容度の高い判断ではありますが、それも一つの考え方。

Ｅさんは２～３年ほど投資をする中で、リスク許容度が変化したことと、全米が変わらず大きなリターンを出しているので、リスクをややとりたいと考えたそうです。

２０２０年以降のＥさんの資産の推移は下の表の通りですが、コロナ禍からの回復期にうまく乗ることができ、資産が順調に増えています。

Ｅさんは、新ＮＩＳＡでも同様の積立を継続しつつ、ＥＴＦのＶＴＩの一括購入を多めにする予定とのことです（ＥＴＦのＶ

・Ｅさんの資産推移

2020年3月	41,568円	（リターン1,568円　+ 3.92%）
2021年1月	471,093円	（リターン77,760円　+ 19.76%）
2022年1月	966,083円	（リターン172,754円　+ 21.77%）
2023年1月	1,400,377円	（リターン207,052円　+ 17.35%）

TIについてはPART5参照)。

Eさんは、収入はあるものの、お金の使い方をあまり管理できないタイプでしたが、「最初に設定すれば、毎月自動的に投資信託が増えていき、細かいことは気にせず、時々、配分を変えて楽しめる」積立のシステムがちょうどいいそうです。

新NISAでは投資期間が無期限になるので、生涯、積立で投資を続けていくとのことです。

次にFさん(40代、女性)の例をご紹介します。

Fさんは、つみたてNISAを始めてから、ずっとほったらかし。

一度も設定を変えていません。

購入しているのは、

「楽天VT」(全世界)を月々1333円。

「楽天VTI」(全米)を月々2000円ずつ。

新興国はリスクが怖いからと購入しておらず、アメリカに留学していた過去からアメリカの比率を増やしたいと思い、全米を多く買っています。

Ｅさんは、新興国の比率を増やすなどし、自分なりのポートフォリオを組んでいます。

Ｆさんは、最初に設定したまま一切変えず、また新興国は買っていません。

今後は全世界の比率を増やすことをおすすめ

どちらが良かったかは、一概にはいえませんが、それぞれのリターンを比較してみましょう。

こうしてみると、２０２３年１月時点で

・Ｆさんの資産推移

2020年3月	41,855円	（リターン1,855円　+ 4.63%）
2021年1月	520,594円	（リターン87,261円　+ 20.13%）
2022年1月	1,051,079円	（リターン217,750円　+ 26.13%）
2023年1月	1,494,262円	（リターン260,937円　+ 21.15%）

は、Ｆさんのほうが金額にして約６万円ほど多く利益が出ています。

アメリカが強かった近年の結果がそのまま出たというところでしょうか。

しかし、Ｆさんの場合、アメリカが不調になったタイミングで資産が減ってしまう可能性がありますから、アドバイスするならば、全世界と全米の購入額を逆にし、全世界の比率を増やしたほうが良いかもしれません。

その場合、現時点ではもう少しリターンが少なくなると見込まれますが、Ｅさん、Ｆさんともに投資信託を続けていく意欲は満々。

新ＮＩＳＡでの投資は、基本、現在と同じ形で続けていくそうです。

ここがポイント！

- 新ＮＩＳＡでの基本戦略は、「全世界型」、「全米型」、「新興国株式」の３つの投資信託にコツコツ積立投資をすること。これだけでも十分資産は増える。
- 家計を圧迫するほど、投資にお金を回す必要はない。家計状況に合わせて、投資額を増やしたり、減らしたりが正解。
- 一度、積立設定をしてしまえば、「あとは、ほったらかし」。驚くほどカンタン。それでも、10年、20年、30年後に「投資をやっていてよかった」と心から思うはず。

新NISA

PART

3

1万2千人を見てきてわかった「投資の分かれ道」

3000円
新NISA
投資

13

3000円投資生活に慣れてきたら月々の投資額を増やしていこう

悩みどころは年間の投資額

ＰＡＲＴ１とＰＡＲＴ２では、投資の面白さや新ＮＩＳＡという制度の素晴らしさについて、お伝えしてきました。

いかがでしょう。

投資を始めてみたい。

お金を大きく増やしたい。

おそらく、みなさん、そう思われたのではないでしょうか。

これまで再三お伝えしてきたように、私は、投資に初めてチャレンジされる方、投資に不安感を抱いていらっしゃる方には、まず月々３０００円からスタートすることをおすすめしています。

ただ、これはあくまでも最初のきっかけであり、投資に慣れ、投資のやり方がわかったら、ぜひ、みなさんの家計の状況に合わせて、投資にまわす金額を増やしていっていただきたいと思っています。

とはいえ、「自分がいつ、いくらぐらい投資額を増やしたらいいか、わからない」という方はたくさんいらっしゃるでしょう。

PART3では、そんなみなさんのお悩みにお答えしていきたいと思います。

投資にまわせる額は、家計の状況とリスク許容度に左右される

まず、「いくら投資にまわせるか」は、その人の家計の状況および「リスク許容度」に大きく左右されます。

リスクとは、「不確実性」のことです。

日本では「リスクが高い」という言葉は、「危険性が高い」というネガティブな意味でとらえられることが多いのですが、本当は、たとえば投資であれば、「思いがけず大損をする危険性もあるけれど、大もうけをする可能性も高い」という意味なのです。

また、リスク許容度とは「リスクをどれだけ許容できるか」、つまり「確実ではないこと、思いがけず大もうけしたり大損をしたりする可能性があることを、どれだけ受け入れられるか」を意味します。

リスク許容度は人によってまったく異なりますし、収入が高いからといって、リスク許容度も高いとは限りません。

収入が高くても、安定志向で、不確実なことはできるだけ避けたいという「リスク許容度が低い」人や、収入がさほど高くなくても、たとえ資産がマイナスになっても、それに耐えることができる「リスク許容度が高い」人はたくさんいます。

そして、特に投資をしたことがない人、初めて投資をする人、投資を始めて間もない人の中では、自分がどれだけリスクを受け入れられるかが固まっていません。そのため、自分がいくらまで投資にお金をまわしていいかを判断することができないのです。

投資に対するリスク許容度を知るためには、投資に慣れる必要があります。

私がみなさんに、月々3000円からの投資をおすすめしているのは、少額で投資を始め、投資に慣れていく中で、少しずつご自身のリスク許容度の見当をつけ、無理なく投資を楽しんでいただきたいからなのです。

ですから、今回初めて投資をする人は、PART2でもお伝えしたように、新NISAの口座で、

・毎月、全世界株式インデックスファンドを3000円分ずつ積立で買う

・毎月、全世界株式インデックスファンドを2000円分、全米株式インデックスファンドを1000円分ずつ積立で買う

の、いずれかから始めてみてください。

まずは月々3000円ずつの投資をしながら、月収の7・5か月分の貯金を

では、どのタイミングで投資にまわす額を増額するのか。

3か月後でも半年後でも1年後でも、「投資に慣れてきた」「自分は、月3万円なら投資にまわしてもいい」などと感じられたタイミングでかまわないのですが、もう一つ、目安にしていただきたいのが、貯金の額です。

私はいつも、新たに投資を始める方に「**貯金が月収の7・5か月分**あるかどうか」を確認しています。

「月収7・5か月分」という基準をクリアしていない方は、まず無理のない金額での投資を続けながら、貯金をしてみてください。

貯金というのは、「目の前のピンチを切り抜けるためのお金」です。

そして「7・5か月分」の内訳は、「使うための貯金＝月収1・5か月分」と「おろさない貯金＝月収6か月分」です。

使うための貯金というのは、生活費が足りなくなったときや、ちょっとした予定外の出費などに対応できるようにするためのお金であり、おろさない貯金というのは、病気やけが、突然の退職などにより、万が一収入が途絶えても、当面生活できるようにするための「生活防衛資金」です。

7・5か月分で心配な方は、もちろん1〜2年分用意していただいてもかまいません。

また、ここ3年以内に、家を買う、子どもが進学するなど、大きな出費が見込まれる方は、その分もよけておく必要があります。

いざというときに動かせる、まとまったお金があるかどうかで、人生は大きく変わります。

先に書いたようなピンチにも対応できますし、災害が起きたときなどにも、半年分の貯金があれば、ある程度余裕を持って過ごすことができるからです。

また、十分な貯金があれば、投資にも腰を据えて取り組むことができます。

投資は基本的に、時間を味方につけ、長い時間をかけて資産を増やすことが成功のポイントとなります。

「お金が必要になったから」と、せっかく買い増した投資信託を、評価が低いときに手放してしまうようなことがあってはいけません。

ですから、「現在、貯金がほとんどない」という方は、月々3000円ずつの投資を始めつつ、少なくとも月収7・5か月分の貯金を目指し、そのうえで収入やりスク許容度に応じて投資の額を引き上げることを考えるようにしてください。

新NISAもコツコツ積立が正解

さて、新NISAを利用して投資を行う場合で、いざ投資にまわす額を増やすことを考え始めたとき、みなさんにぜひおさえていただきたいポイントが4つあります。

①基本的には新NISAのつみたて投資枠を利用し、積立でコツコツと資産を増やす。
②投資にまわす金額は、家計に無理のない範囲で、年齢（投資できる期間）も考慮して決める。
③最大1800万円の生涯投資枠を、急いで無理やり埋める必要はない。
④家計の状況やライフプランに合わせて、投資信託を売却してもいい。

まず、①についてお話ししましょう。

年間に投資できる額が最高40万円までだった従来のNISAとは異なり、新NISAはつみたて投資枠だけでも、年間に120万円まで投資できます。

12か月で割ると、ひと月あたりの投資額は最大10万円。

それだけの額を投資にまわせる人は、そう多くはないでしょう。

生活を守るのに必要な貯金を維持しつつ、投資にまわせるお金が決まったら、まずは**新NISAのつみたて投資枠を利用し、コツコツと積立で投資信託**を買っていきましょう。

それがもっとも安全に、確実に資産を増やすことにつながるからです。

また、中にはボーナスなどでまとまったお金が入ったときに、その一部を投資にまわしたいという人もいるでしょう。

その場合も、特に投資を始めて間もないうちは、**毎月の投資額に少しずつ上乗せして買ったほうがいい**かもしれません。

たとえば、6月に半期分のボーナスが入り、投資にまわせるお金がそのうち12万円分あったとします。

一気に12万円分の投資信託を買うこともちろん可能ではありますが、7月以降半年間の月々の積立投資額を2万円分ずつアップしてみましょう。

というのも、投資信託の基準価額は日々変動しており、一気に12万円分の投資信託を買うと、そのときの基準価額が高かった場合、高値づかみとなり、利益が出にくくなるおそれがあるからです。

しかし、12万円を2万円ずつ×6か月に分散させれば、買うタイミングが分散され、その危険性をある程度減らすことができます。

以上が、簡単ではありますが、新NISAを利用した投資の基本戦略です。

しかし、

・資金に余裕のある人
・投資に慣れた人
・リスク許容度が比較的高い人
・多少手間がかかっても大丈夫だという人
・投資できる期間があまり長くなくて、もう少しスピーディーに資産を増やしたいという人

などはぜひ、コツコツ積立投資に加え、PART4でお伝えするように、新NISAの成長投資枠を利用することを検討してみてください。

3000円
新NISA
投資

14

年齢や家計状況から「ベストな年間投資額」を考える

投資にまわす金額を決める際には、家計状況＋年齢も考慮する

次に、ポイントの②と③についてお話しします。

いくら「利回りがいいから」「非課税だから」「大きく、そして早く投資したほうが、複利効果が出るから」といって、生活のバランスを崩してまで投資にお金をまわすのは、私はおすすめしません。

投資にまわす金額は、くれぐれも、家計に無理のない範囲にとどめましょう。

また、投資にまわす金額を決める際には、年齢（投資できる期間）も考慮しましょう。

投資できるのが70代くらいまでだと考えた場合、もしあなたが20代なら、投資できる期間は50年ほどあります。

それだけの時間があれば、少額から始めて、ボーナスの一部なども投資にまわし

ながら、年齢とともにゆっくり投資額を上げていくという戦略で、資産を大きく増やすことができます。

30代や40代の方も、70代まで投資ができると考えれば、時間はありますので、じっくり自分のペースで投資をしましょう。

しかし、あなたが50代なら、70代まで20年ほどです。

1800万円分をフルに利用するなら、単純に計算して、月々7・5万円ずつ投資する必要があります。

決まった額の積立で投資信託を買い続け、

対象年齢	年数	年間投資額	月額投資額
20代	50年	36万円	3万円
20～30代	40年	45万円	3.75万円
20～40代	30年	60万円	5万円
40～50代	20年	90万円	7.5万円
すべて	10年	180万円	15万円
すべて	5年	360万円	30万円

（20代～40～50代）安全運転。大きな成功や失敗もなく、無難な成果を見込める。

（10年）高値づかみに注意。ただ、効果は見込める。

（5年）あまりおすすめしないが…。

生涯かけて1800万円分の投資をする場合、月々の投資額がいくらになるのかを機械的に計算したのが、前ページの表です。

みなさんの場合、月々の投資額はいくらになるでしょうか。

もちろん、1800万円分を全部使う必要はありませんし、収入や家計の状況を考え、無理のない額を投資にまわしていただきたいのですが、投資できる期間があまりない50〜60代以上で、貯金が十分にある人は、

・月々の投資額を、できるだけ増やすこと
・積立にプラスして、スポット（一括）でETFを購入すること

なども検討してみてください。

ライフプランに合わせて、年間の投資予算額を自由に変えていこう

もう一つ、予算別に、どの投資信託をいくら分買ったらいいかの具体的な目安もお伝えしておきましょう。

年間の投資額が40万円、80万円、120万円のとき、全世界株式インデックスファンド：全米株式インデックスファンド：新興国株式インデックスファンド＝6：3：1で積立購入すると、年ごと・月ごとの投資金額は次ページの表のようになります。

ここでみなさんにあらためてお伝えしたいのが、「生涯投資枠の1800万円という額にとらわれないでほしい」「ライフプランに合わせて、年間の投資予算額を自由に変えていってほしい」ということです。

・年間の投資額が約40万円（月間の投資額が3万3000円）の場合

種類	全世界株式 インデックスファンド	全米株式 インデックスファンド	新興国株式 インデックスファンド
銘柄	楽天 VT SBI VT	楽天 VTI SBI VTI	eMAXIS　Slim 新興国株式 インデックス
年額	24 万円	12 万円	4 万円
月額	2 万円	1 万円	3000 円

・年間の投資額が約80万円（月間の投資額が6万6000円）の場合

種類	全世界株式 インデックスファンド	全米株式 インデックスファンド	新興国株式 インデックスファンド
銘柄	楽天 VT SBI VT	楽天 VTI SBI VTI	eMAXIS　Slim 新興国株式 インデックス
年額	48 万円	24 万円	8 万円
月額	4 万円	2 万円	6000 円

・年間の投資額が約120万円（月間の投資額が10万円）の場合

種類	全世界株式 インデックスファンド	全米株式 インデックスファンド	新興国株式 インデックスファンド
銘柄	楽天 VT SBI VT	楽天 VTI SBI VTI	eMAXIS　Slim 新興国株式 インデックス
年額	72 万円	36 万円	12 万円
月額	6 万円	3 万円	1 万円

170ページの表の一番下のパターンのように、「新NISAが始まったら、できるだけ早く月々30万円ずつを投資にまわし、**5年間で1800万円分の投資信託**を買ってしまったほうがいい」という意見を目にすることがあります。

すでにお伝えしたように、運用する期間が長ければ長いほど、複利効果は大きくなりますから、早く大きく投資をし、あとは放っておいたほうが、理論上はたしかに好成績となります。

でも、私はそのようなやり方よりも、自分のペースで投資に取り組んでいくことをおすすめします。

「せっかくだから、何が何でも1800万円分投資しなければ」などと考えるのではなく、たとえば、「DINKs（共働きでお子さんがいらっしゃらない）の間はできるだけ多く投資にまわし、お子さんに教育費がかかる時期は少し減らし、お子さんが独立したら、ラストスパートで、再びたくさん投資にまわす」といった具合

に、

・「年にいくら投資をしよう」と決めすぎない
・その時々の家計状況に合わせて、可能な分だけのお金を投資にまわす

といったゆるやかなルールに基づいて投資をしたほうが、無理なく自然に、楽しく続けられるのではないかと思うのです。

従来のNISAとは異なり、新NISAは恒久的な制度であり、あわてて利用しなくても残高枠は消えません。

みなさんはぜひ、長期間の積立をベースとし、無理なくゆっくり楽しみながら、資産を増やしていってください。

3000円
新NISA
投資
15

学費、ローン、自分のライフプランに合わせた投資信託の売り方

増えたお金を使うことも、投資をする喜び

最後に、ポイントの④についてお話しします。

従来のNISAとは異なり、ある年の非課税投資枠で買った投資信託を売却した後、その枠を再利用することができるのも、新NISAの大きな特徴であり、メリットです。

たとえば、家を買う、リフォームをする、子どもが進学するなど、何らかの理由で、少しまとまったお金が必要になったとしましょう。

そのとき、貯金で準備できることがベストではあるのですが、新NISAでは投資枠が復活するため、「投資信託を売却してお金を作る」ことも考えられるようになりました。

もちろん、そのタイミングで利益が出ていることが重要ですが、いずれにせよ、選択肢《し》が非常に増えたのはいいことです。

（例）薄価（取得価格）で100万円分の投資信託を売却
【従来のNISA】　枠の復活なし
【新NISA】　売却した翌年以降に100万円分の枠が復活

一般に、従来のNISAであれば売却しても枠が復活しないため、「せっかく買った投資信託を手放すのはもったいない」「老後まで取っておこう」と考える人が多かったのですが、新NISAでは「枠が復活する」ため、売却への心理的ハードルはかなり下がったといえます。
また、大きくリターンが出ているタイミングで売却、再投資という戦略が立てられるため、投資の利益を組み込みつつ、ライフプランを考えられるようにもなりました。

もっとも、買った投資信託は、途中で売却したりせず、長年運用し続けたほうが複利効果が大きくなり、資産を大きく増やすことができます。

いくら**非課税投資枠が復活する**からといって、やみくもに、頻繁に売却することはおすすめしません。

でも、投資の醍醐《だいご》味《み》は、ただ資産を増やすことだけにあるわけではありません。

人生をより豊かにするために、あるいは人生のピンチを切り抜けるために増えたお金を使うことも、投資をする喜びであり、投資をする意味でもあります。

新NISAでの投資は、お金が増え、税金がかからない貯金のようなもの

これまで見てきたように、「新NISAを利用して投資信託をコツコツと積立で買い、運用する」投資方法には、

・長い目で見ると、6%以上の利回りが見込める可能性が高い
・利益に対して税金がかからない
・必要に応じて、いつでも買った投資信託を売却(解約)することができる

といった良さがあります。

預貯金をしてもほとんど利息がつかない、この超低金利社会において、新NISAを利用して投資信託を運用することは、「お金が増えるのに、税金がかからない貯金」をするようなものなのです。

ですから、月収7・5か月分の、生活防衛資金としての貯金を確保しつつ、みなさんにはぜひ、新NISAを利用しての投資を、「**10年後、20年後に、より豊かで幸せな人生を歩むための貯金**」ととらえていただきたいと私は思っています。

そして、

事業を起こしたい。

子どもが塾や私立の学校に通うことになり、学費が必要になった。

家や車を買いたい。

趣味のために高価な道具を買いたい。

家族で思い出を作るための旅行に行きたい。


など、まとまった現金が必要なときには、積立購入した投資信託の一部を売却することも、一つの選択肢だと考えてください。

もっとも、その際、たまたま基準価額が低く、売却すると損をしてしまうような場合は、できれば売却を見合わせましょう。

何を売却すればいいのかは、そのときの経済状況などによって変わりますが、次ページの3つを念頭に置いておくといいでしょう。

ここがポイント！

・もっとも利益が出ている投資信託から、必要な分だけ売却する。

・もし利益が同じくらいに出ていたら、全世界株式インデックスファンド、全米株式インデックスファンド、新興国株式インデックスファンドをそれぞれ20%ずつなど均等に売却する。

・複数の投資信託を買っているのはリスクを分散するためなので、いずれか一種類の投資信託を全部売ってしまうことは避ける。

＼新NISA／

PART

4

投資初心者でもできる！「一番おトクな増やし方」は積立＋海外ＥＴＦ！

3000円
新NISA
投資

16

投資初心者も「積立＋海外ETF」で、最大限のリターンを狙おう

新ＮＩＳＡが持つ可能性を十分に理解しよう

ＰＡＲＴ3でお伝えしたように、この本でおすすめしている新ＮＩＳＡを利用した投資の基本は、積立です。

ただ、投資に慣れた方、ある程度資金に余裕がある方、リスク許容度も比較的高い方はぜひ、コツコツ積立投資に加え、**新ＮＩＳＡの成長投資枠を利用**することを検討してみてください。

特に、積立以外の方法にチャレンジしたいという方、投資できる期間が短くて、かつ無理なく投資にまわせる貯金や退職金などが十分にあるという方には、ぜひ成長投資枠の使い方をマスターしていただきたいと思っています。

もちろん、成長投資枠は、ただ使えばいいというわけではありません。

使い方を間違えれば、積立で安全性の高い投資信託をコツコツ買い続けるよりも、失敗する危険性が高まります。

ただ、これからお伝えする方法に基づいて、成長投資枠を上手に利用していただければ、リスクをおさえつつ、大きなリターンを得られる可能性があります。

毎月のコツコツ積立投資だけでなく、成長投資枠での投資もマスターする。

それが、新NISAを利用した投資で、もっとも成功する道なのです。

新NISAでできる投資の種類

それではここで、もう一度、新NISAの仕組みをおさらいし、できることを簡単に整理しておきましょう。

最初にお伝えしておくと、非課税となる生涯投資枠1800万円分、すべて積立で利用することは可能です。

下の表を見た方から、よく「１８００万円のうち、成長投資枠１２００万円とあるので、積立の枠は６００万円だけですか？」と訊かれるのですが、そうではありません。

30年かかってしまいますが、月5万円の積立だけで１８００万円分を使いきるというのが、もっともわかりやすく、ラクなやり方です。

しかし、それに比べるとやや複雑にはなりますが、新ＮＩＳＡをフルに活用する方法があります。

	2024年1月以降	
口座開設	恒久化	
年間投資枠	つみたて投資枠	120万円
	成長投資枠	240万円
非課税期間	無期限	
非課税となる生涯投資枠	買付残高で1800万円※1 （うち、成長投資枠1200万円）	
両者の併用	可能に	
投資対象	つみたて投資枠	つみたてNISA対象商品と同様
	成長投資枠	上場株式・ETF投資信託等※2

※1：簿価残高方式で管理（枠の再利用が可能）

※2：①整理・監理銘柄、②信託期間20年未満、高レバレッジ型および毎月分配型の投資信託等を除外

それが、これからご紹介する、「つみたて投資枠でコツコツと投資信託の積立購入をしながら、成長投資枠を使って、商品を一括購入する」というものです。

新NISAに関して「年間120万円（月10万円）まで積立できるのだから、わざわざ成長投資枠を使う必要はない」と考える人がいます。

もちろん、この考え方も間違いではありません。

でも、私からすると、「ひと手間加えることで、より効率よく資産を増やす方法もあるよ」と言いたくなってしまうのです。

187ページの表をもう一度、見てみましょう。

成長投資枠の投資対象に「ETF」と書かれていますね。

ETFとは、証券取引所に上場している、市場で売買できる投資信託のこと。

少し難しく感じますが、市場が開いている間（日本なら平日午前9時から午後3時）に取引でき、個別株式と同じように値動きを見つつ、自分が希望する株価を指定して購入できるものです。

つまり、「価格が下がったときに多く買い、大きなリターンを得る」という、誰でも一度は考えることを狙えるのが、ＥＴＦへの投資となります。

しかも、ＥＴＦは投資信託であり分散投資ができるため、個別株式への投資に比べると安全性が高いのです。

ですから、私は、みなさんにはぜひ、つみたて投資枠での投資信託の積立購入に加え、良きタイミングを見計らって、成長投資枠でＥＴＦを買っていただきたいと思っています。

それが、現時点で私が考える、新ＮＩＳＡを利用したより良い投資方法であり、この本でもっともお伝えしたい投資方法でもあるのです。

なお、ＥＴＦにもさまざまな銘柄がありますが、私がおすすめしたいのは、「ＶＴ」「ＶＴＩ」というアメリカのＥＴＦです。

これらの商品については、後で詳しくお話しします。

ちなみに、証券会社によっては、ＥＴＦを積立で購入することもできますが、毎月、購入株（口）数を指定する買い方となり、投資信託と違って、毎月定額で購入することができません。

投資信託の定額積立購入であれば、基準価額が高いときも低いときも機械的に一定の金額分ずつ買い続けることになり、基準価額が高いときには買える数が減り、高値づかみによるダメージがおさえられ、長い目で見ると、結果的に購入単価が平均化されていくというメリットがあります。

しかし、ＥＴＦの場合は、たとえばそのときのＥＴＦの価格が一株８０００円だったとして、そのうち７０００円分だけ買うということができません。

そのため、積立購入しても投資信託のようなメリットはなく、価格が下がったときに一括購入する方法が適しているといえます。

さて、話が複雑になってきたので、ここで、ＥＴＦについて簡単に整理しておきましょう。

●ＥＴＦが積立購入に向かない理由

・ＥＴＦは一株（一口）単位でしか買えない。
また、一日一回、基準価額が算出される投資信託とは異なり、ＥＴＦは証券取引所が開いている時間内で価格が常に変動する。

そのため、投資信託のように、定額での積立購入ができない。
・年に4回、分配金が出るが、投資信託の積立とは異なり、その分配金を自動的に再投資にまわすことはできないため、複利効果をアップさせるためには、その分配金を自分で再投資にまわす必要がある。
・分配金といってもしばらくは少額。だが、コツコツ買っていけば、分配金も増え、再投資するペースも上がっていくので、ぜひ頑張って買い足していこう！

●ＥＴＦの一括購入をおすすめする理由

・一般の投資信託に比べ、ＥＴＦには信託報酬（投資信託を運用している間、投資家が運用会社に支払い続ける報酬）が安いというメリットがある。
・一般の投資信託と違い、リアルタイムで売買できるため、価格が下がったときを狙って買うことで、大きなリターンを狙うことができます。
・投資信託は円資産、ＶＴやＶＴＩのようなアメリカのＥＴＦはドル資産になるので、通貨のリスクヘッジができる。

なお、円高のときにドルを買っておき、そのドルでＥＴＦの価格が下がったときに購入するのが理想。

ＥＴＦを売却するとき、円安であれば為替差益も得られる。

もちろん、ＥＴＦの値上がりによる利益も得られる。

二重の意味でおトクなので、日本円で投資信託を積立購入するだけの投資より、リターンを大きくできる可能性がある。

ＥＴＦの一括購入には、さまざまなメリットがありますが、購入の仕方がやや難しく、手間がかかります。

まずは「**1、2回、成長投資枠でETFを数株（数口）買い、しばらくチャートを眺めてみる**」などして、やり方に慣れていただくといいかもしれません。

ＥＴＦの購入こそ「習うより慣れろ」です。

時間はかかるものの、手軽にできる投資信託の積立購入だけで１８００万円分を使いきるか。

コツは必要だけれど、投資信託の積立購入にプラスして、ＥＴＦの一括購入を行い、より効率よく資産を増やすか。

いずれを選ぶかは、その人の年齢や家計の状況、投資への考え方、ライフプランなどによりますが、私は後者のほうが、新ＮＩＳＡの持つ可能性を最大限に引き出せるのではないかと考えています。

成長投資枠の対象商品も、厳しい条件をクリアしている

なお、金融機関で販売されている投資信託の中には、お客さんの利益ではなく、金融機関の利益を重視して作られた手数料の高いもの、質の悪いものもあるということ、金融庁がつみたてＮＩＳＡの対象となる投資信託の条件を細かく設定し、それをクリアしたもののみにお墨つきを与えたということは、すでにお話ししました。その方向性は、新ＮＩＳＡのつみたて投資枠にも引き継がれるでしょう。

それでは、従来の（一般）ＮＩＳＡを引き継ぐ成長投資枠に関してはどうかというと、やはり、対象商品は厳しく絞り込まれるようです。

従来のＮＩＳＡでは、ほぼすべての投資信託や株式が対象となっていましたが、新ＮＩＳＡの成長投資枠では、投資信託については、

・信託期間が20年以上であること
・毎月分配型が除外されること
・高レバレッジ型など、デリバティブ型が除外されること

が条件として設定されており、手数料の高いものや質の低いものはほとんど対象外になると考えられます。

また、公募投信（銀行や証券会社が、50名以上の投資家に対して募集をする投資信託）の3分の2が対象外となり、株式についても、危険性の高い整理・監理銘柄は対象外となります。

ですから、つみたて投資枠でも成長投資枠でも、新ＮＩＳＡで扱われる商品は金融庁に認められた、比較的安全なものである可能性が高いといえるかもしれません。

3000円
新NISA
投資

17

「投資予算が少ない」「時間があまりない」人こそ攻めの投資を

成長投資枠でＥＴＦを買うのは「攻めの投資」

つみたて投資枠を利用し、投資信託をコツコツ積み立てていくのが「守りの投資」なら、成長投資枠を利用し、価格が比較的安いときを狙ってＥＴＦを購入するのは「攻めの投資」です。

「価格が比較的安いときを狙って購入する」というのは、個別株式などでも可能ではありますが、「投資21」でお伝えするように、個別株式は値動きが激しく、売買のタイミングを見極めるのが非常に困難です。

また、銘柄によっては価格が下がったまま上がらなかったり、場合によっては上場廃止になってしまったりするものもありますし、分散投資をしようと思ったらまとまった資金も必要となります。

しかし、ＥＴＦは投資信託であり、個別株式ほど値動きは激しくありません。

特に、この本でおすすめする、ＶＴやＶＴＩといったＥＴＦの価格は、基本的には右肩上がりで上がっています。

投資信託の積立よりも大きなリターンを得られる可能性が高いけれど、個別株式への投資に比べて難易度が低く、手を出しやすい。

それが、成長投資枠を利用したＥＴＦへの投資です。

ＥＴＦを購入するのは、とにかくリターンを増やすため

「月々の投資額だけだと少し将来が不安。もう少しお金が増えてくれれば安心できるのに」という人は多いはず。

そのような方には、ぜひ、ＥＴＦの購入にチャレンジしていただきたいと私は思っています。

繰り返しになりますが、同じ額を投資するなら「積立で投資していくだけ」より

も「時々、成長投資枠でＥＴＦも買う」方が、リターンが大きくなる可能性があるからです。

次ページの図は、２０１９年以降のＶＴの値動きをあらわしたものです。

コロナ禍の影響で、２０２０年初頭に大きく価格が下がったものの、その後急激に回復しているのがおわかりいただけるのではないかと思います。

これほど大きな値動きはめったにないかもしれませんが、大きく価格が下がった段階でＶＴを買っていれば、その後、価格が上昇するにつれて、資産が飛躍的に増えることになります。

実際、「プロローグ」でご紹介したAさんの資産が大きく増えているのは、２０２０年初頭に、積立で、ＶＴと連動するように運用されている投資信託（楽天ＶＴ）を買っていたからです。

Aさんの場合は、たまたまこの時期にも投資信託を積立で買っていただけですが、

ＥＴＦの場合はもっと意識的に、タイミングを見計らって、安いときにたくさん買い、保有しておくことになります。

　これまで、つみたてＮＩＳＡでの投資信託の積立と、ＮＩＳＡでのＥＴＦの購入は、どちらかしかできませんでしたが、新ＮＩＳＡなら、この「攻めの投資」と「守りの投資」を同時に行うことができるようになります。

　新ＮＩＳＡで用意されたＥＴＦでの投資は、まさに、そんな「もう少しお金が増やせれば安心なのに」という人のために用意された投資方法だと考えることができます。

2019年以降のVTの価格推移

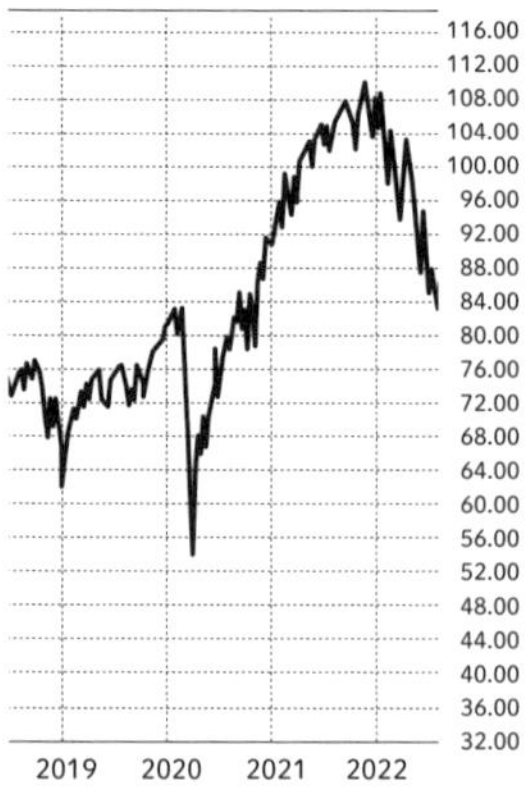

もちろん、勉強は必要です。

すべてがうまくいくとは言いきれません。

ですが、可能性があるのとないのでは雲泥の差です。


今のように賃金がなかなか上がらない状況では、余裕をもって投資に十分お金をまわせる人は少数であり、おそらく多くの人は、家計を上手にやりくりして、投資原資を捻出することになると思います。

しかし、資金があまりないからといって、あきらめる必要はありません。

手持ちの資金が少なくても、リターンを増やす方法はあるのです。

自らの力で将来を切り開く。

みなさんには、そんな気持ちを持ってＥＴＦの投資を学んでいただき、今度こそお金に困らない人になってほしいと私は思っています。

\COLUMN/

ETFとは何か

ここであらためて、ETFについてまとめておきましょう。

ETFとは「Exchange Traded Funds」の頭文字で、「上場投資信託」、つまり株式市場に上場している投資信託のことです(一般の投資信託は非上場です)。

ETFもインデックスファンドの一種であり、市場の動向を示す指標や指数に連動するように作られた投資信託なのですが、売買の仕方などが異なります。

一般の投資信託は銀行や郵便局、証券会社などが扱っていますが、ETFを扱っているのは証券会社のみです。

また、投資信託は一日一回、基準価額が算出されますが、ETFは株式市場に上場しており、証券取引所が開いている時間内で価格が変動します。

そして株式と同じように売買の価格を自分で決めることができ、リアルタイムで売買できます。

ETFにはほかに、次のような特徴があります。

・購入できるのは、証券取引所が開いている時間帯のみ。

・一般の投資信託に比べ、信託報酬(投資信託を運用している間、投資家が運用会社に支払い続ける報酬）が安いが、売買手数料がかかる（楽天証券やSBI証券、マネックス証券などの場合、約定代金の0・5％程度。条件により、かからない場合もある）。

・アメリカのETFは一株（一口）から購入できるが、数千～数万円程度のものが多く、最低投資金額が初心者には高いと感じる人もいる。

本文でも触れているように、証券会社によっては、ETFを毎月積立で購入することもできますが、一般の投資信託と違って、毎月定額で購入することができません。

そのため、積立購入しても投資信託のようなメリットはありません。

また、ETFの場合は分配金の再投資が自動的にできないため、複利効果をアップさせるためには、その分配金を次のETF買い増しの原資に利用し、自分で再投資する必要があります。

一方で、ETFは株式のようにリアルタイムで売買できるため、価格が下がったときを狙って買うことで、大きなリターンを狙うことができます。

ですから、積立で買うなら投資信託、一括で買うならETFをおすすめします。

3000円
新NISA
投資

18

数ある海外ETFの中でも、
おすすめはダントツ
「VT」と「VTI」

世界最強の商品を手に入れよう

さて、すっかり前置きが長くなりましたが、ここで、成長投資枠を使って、みなさんに一括購入していただきたい商品をあらためてお伝えしましょう。

それは、

VT（正式名称：Vanguard Total World Stock Index Fund ETF、バンガード・トータル・ワールドストックETF）

VTI（正式名称：Vanguard Total Stock Market Index Fund ETF、バンガード・トータル・ストック・マーケットETF）

という2つのＥＴＦです。

ＶＴは「楽天ＶＴ」や「ＳＢＩ ＶＴ」、ＶＴＩは「楽天ＶＴＩ」や「ＳＢＩ ＶＴＩ」の大もととなっているＥＴＦです。

世界最強の運用会社がつくった、信頼性の高いＥＴＦ

ＶＴやＶＴＩの正式名称の冒頭の「バンガード」というのは、アメリカの投資運用会社・バンガード社のことです。

バンガード社は、個人投資家の利益を追求する運用会社として深く信頼され、**「世界最強の運用会社」**ともいわれています。

実は、１９７６年に、世界で初めて個人投資家向けのインデックスファンドを生み出したのはバンガード社でした。

バンガード社の設立者であるジョン・ボーグルは、個人投資家が金融機関に高額な手数料や信託報酬を取られ、頻繁な商品の売買をすすめられ、損をさせられている状況を憂い、**コストが低く、ローリスク・ローリターンなインデックスファンド**を開発したのです。

当初、「市場平均に連動させる」というインデックスファンドの考え方は、一般投資家に理解されず、「ボーグルの愚行」とまで言われ、売り上げはまったく伸びませんでしたが、インデックスファンドという商品の長所や「個人投資家の利益を追求する」というバンガード社の姿勢は、時間がたつにつれ、徐々に評価されるようになりました。

その結果、現在では**アメリカの株式投資信託の20％以上**がインデックスファンドで運用されるようになり、アメリカの『Pensions & Investments』誌に掲載された「世界の運用機関資産残高ランキング」によると、２０２１年末時点で、バンガード社の運用資産の総額は**約８・５兆ドル**となっています。

これは、世界最大の資産運用会社である、アメリカのブラックロック社の約10兆に次ぐ第2位の額であり、運用資産が多いということは、資産の運用を任せる投資家が多いということ、つまり信頼されているということです。

しかも、個人投資家の利益を追求するバンガード社の姿勢は変わらず、優れた運用実績と低コストを両立させたETFをいくつも組成しており、いずれバンガード社の運用資産総額は、ブラックロック社を抜いて、世界第1位になるのではないかともいわれています。

そして、VTとVTIは、バンガード社のETFの中でも特に知名度の高い商品なのです。

このように信頼性が高く、運用実績やコスト面でも優れているVTIとVTですが、アメリカのETFであるために、

・アメリカのニューヨーク証券取引所が開いている時間（日本では夜間〜早朝）し

かリアルタイム取引できない
・分配金の再投資が自動的にできない
・単価が高い
・証券取引所が開いている間、ＥＴＦ自体の価格が常に変動するうえ、為替の変動も価格に大きく影響する

といった特徴があり、日本で、特に投資に慣れていない人が買うには、ハードルが高い部分がありました。

そこで、ＶＴやＶＴＩの購入を楽天投信投資顧問やＳＢＩアセットマネジメントが代行し、日本の投資家にも手軽に買えるようにしたものが、「楽天ＶＴ」や「ＳＢＩ ＶＴ」、「楽天ＶＴＩ」や「ＳＢＩ ＶＴＩ」なのです。

VTIやVTは、信託報酬が圧倒的に安い

ただ、何度もお伝えしているように、みなさんにはぜひ、楽天やSBIのVT，VTIの積立購入に加え、ETFのVTやVTIの一括購入にチャレンジしていただきたいと思っています。

ETFのVTやVTIには、「価格が下がったときを狙って安く買うことができるため、『増やす』効率が上がる」というメリットに加え、

・手数料が圧倒的に安い

という大きなメリットがあるからです。

投資信託を購入し運用すると、通常、

・購入時手数料（販売手数料）
・信託報酬（投資信託の運用管理費用）
・信託財産留保額（中途解約手数料のようなもの）

といったコストがかかりますが、投資で失敗しないためには、こうしたコストをできるだけ低くおさえることが重要です。

このうち、購入時手数料の相場は1～4％程度ですが、近年は「ノーロード」と呼ばれる、購入時手数料無料の商品がかなり増えてきました。

信託財産留保額は、相場は1～3％程度ですが、やはり手数料のかからない商品もあります。

問題は、「信託報酬」です。

信託報酬とは、運用会社や販売会社に支払う手数料のことで、運用している資産の残高に対し、毎年一定の料率で発生します。

日本の信託報酬の相場は年率0・1％弱～3％程度となりますが、利益が出ようと損失が出ようと、投資信託を運用している間ずっと発生し続けるため、長期にわたって投資信託を保有する場合は、できるだけ料率の低いものを選ぶ必要があります。

わかりやすく言うと、信託報酬年率1％の投資信託を運用し、年利3％の利益が出たとしても、手元に残る利益は、信託報酬を引いた2％分のみとなります。

1％以下の利益しか出なかったり、損失が出たりした場合は、信託報酬の分だけマイナスになってしまうわけです。

そして、信託報酬が1％違えば、投資信託の保有期間が長くなるほど、最終的に

信託報酬をおさえることがポイント

▼

元本 100 万円を年利 6 ％で運用できたときの信託報酬を比較すると……
（※運用益への課税は考慮していません）

	元本	運用益	資産額	信託報酬 資産額×信託報酬×消費税	実質運用益
投資信託 A 信託報酬 0.15%	¥1,000,000	¥60,000	¥1,060,000	¥1,749	¥58,251
投資信託 B 信託報酬 1.15%				¥13,409	¥46,591

信託報酬は保有期間中ずっとかかるので、
信託報酬１％の差でも運用益には大きな差が生まれる！

信託報酬１％の差をあなどってはいけない！

信託報酬1％の差が、複利でとても大きな差になる

▼

年利６％の運用ができても、１％の手数料がかかると実質年利５％に下がります。この差は「長期」で見ると、大きな差になっていきます。

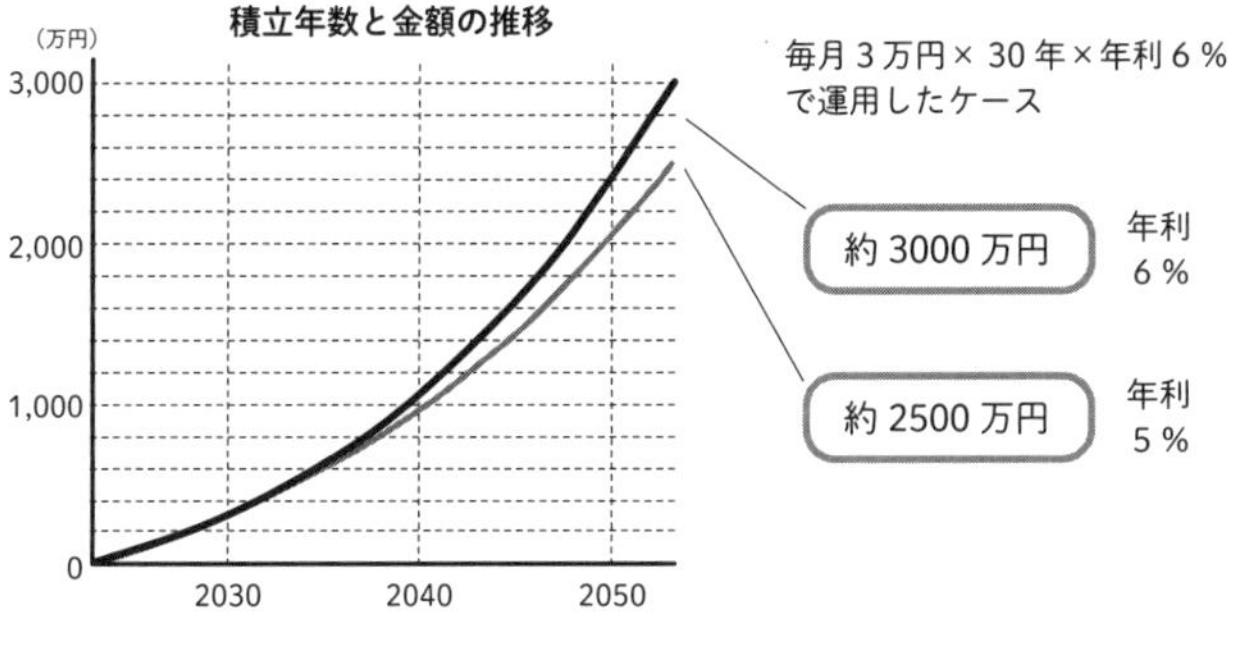

得られる利益が大きく変わってきます。

たとえば、月々3万円を年利6％複利で30年間運用した場合、信託報酬が0・15％の商品と1・15％の商品とでは、得られる利益に約500万円の差がつくのです。

そして、一般的に、ETFはほかの投資信託に比べて信託報酬が安いのですが、特にバンガード社は個人投資家の利益を追求し、さまざまな工夫によって徹底的なコスト減を図っており、「コストリーダー」とも呼ばれています。

2023年3月時点の、VT、VTI、

商品	VT	楽天 VT	SBI VT
信託報酬	0.07%	0.132%	0.1338%

商品	VTI	楽天 VTI	SBI VTI
信託報酬	0.03%	0.132%	0.0938%

「楽天ＶＴ」「ＳＢＩ ＶＴ」「楽天ＶＴＩ」「ＳＢＩ ＶＴＩ」の信託報酬は、前ページの表通りです。

楽天やＳＢＩのＶＴ、ＶＴＩには、楽天投信投資顧問やＳＢＩアセットマネジメントの信託報酬が上乗せされてしまいますが、ＶＴやＶＴＩを直接買えば、コストを大幅にカットできるのです。

ＰＡＲＴ5では、ＶＴとＶＴＩの買い方について、さらに詳しくお話しします。興味を持たれた方は、ぜひそちらを併せてお読みください。

3000円
新NISA
投資
19

はじめての人のための「おトクなETF買い方講座」

ＥＴＦのＶＴやＶＴＩの一括での買い方

ここでは、ＥＴＦのＶＴ（全世界型）やＶＴＩ（全米型）の一括（スポット）での買い方について、具体的にお話ししましょう。

たとえば、楽天証券でＥＴＦ版のＶＴを買う場合、どのような作業が必要になるかを、順を追って説明します。

ネット証券の会社ごとに操作方法などは異なると思いますが、参考にしていただけると幸いです。

①買い注文画面を開く

楽天証券にログインしたら、検索窓で「米国株式」を選択し、「ＶＴ」と入力します。

海外ETF　買付画面の例

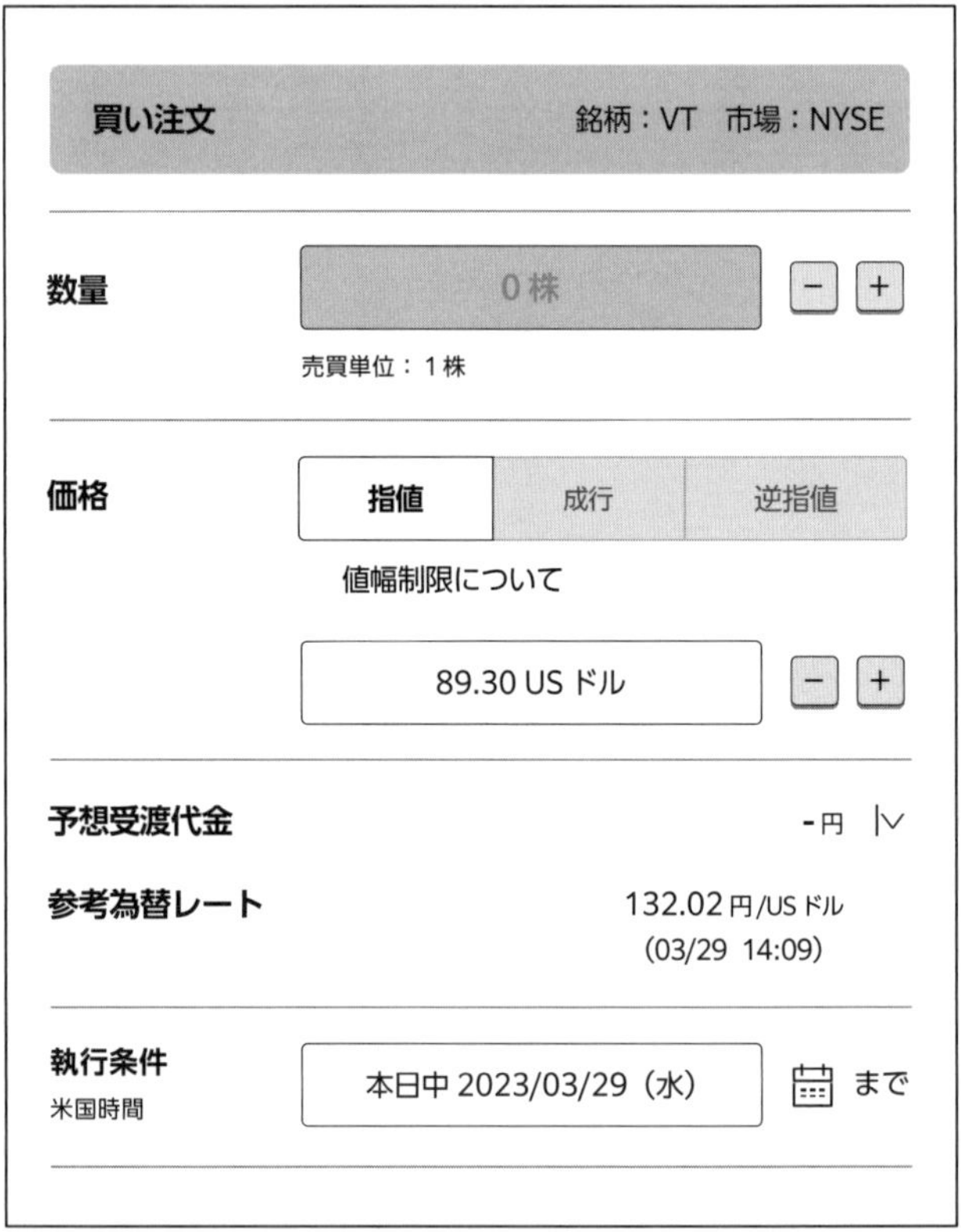
買い注文
銘柄：VT　市場：NYSE
数量
0 株
売買単位： 1 株
価格
指値
成行
逆指値
値幅制限について
89.30 US ドル
予想受渡代金
- 円
参考為替レート
132.02 円/US ドル
(03/29 14:09)
執行条件
米国時間
本日中 2023/03/29（水）
まで

ＶＴの商品ページに飛んだら、「買い注文」のボタンをクリックし、買い注文画面を開きます。

①指値《さしね》か成行《なりゆき》かを選択する

指値と成行は、いずれも買いと売り、両方で使う注文方法ですが、ここでは買い注文に絞って説明します。

指値注文とは、商品を買うときは上限の、売るときは下限の値段を自分で指定して注文することです。

買いの場合は、指値以下の価格になった時点で注文が成立します。

たとえば、ＶＴの価格が一株（一口）90ドルで、「もう少し下がりそうだから、89ドルになったら買いたい」という場合は、「指値」のボタンをクリックし、「89ドル」と入力しておくと、89ドルに下がった時点で注文が成立します。

一方で、成行注文とは、値段を指定しないで売買の注文をすることです。取引時間中に成行で買い注文を出すと、注文が通った時点の価格で注文が成立します。

指値のメリットは、希望した価格で買うことができる点にありますが、価格が一株（一口）90ドルのときに89ドルの指値で注文すると、その後価格が91ドル、92ドル……と上昇した場合、買うチャンスを逃してしまう可能性があります。

逆に成行のメリットは、注文を出せばすぐに買うことができる点にありますが、注文が成立するまでの間に価格が変動したりすると、思いがけず高い価格で買うことになります。

たとえば、ＶＴの価格が90ドルのときに成行で注文しても、その時点でもっとも低い価格の売り注文が92ドルだったり、直後に価格が92ドルに上がったりすると、92ドルで注文が成立してしまうのです。

なお、アメリカのニューヨーク証券取引所の取引時間は現地時間9時半～16時。日本時間では23時半～翌5時（3月第2日曜日から11月第1日曜日までのサマータイム期間中は22時半～翌4時）となります。

リアルタイムで株価の値動きを確認したい場合は右記の時間に起きていなくてはなりませんが、夜中に起きていなくても、楽天証券やＳＢＩ証券などでは、ほぼ24時間注文を入れることが可能です。

ですから寝る前に注文を出し、起きて結果を確認するというスタイルで取り組むことができます。

個別株式に比べると、ＥＴＦが極端な値動きをすることはさほど多くありません。前日の終値を確認し、「その価格前後で買えれば問題ない」と思ったなら、成行で注文しても良いのではないかと思います。

取引時間外（日本時間の日中）に成行で注文した場合は、その日の取引が始まった時点の価格で注文が成立します。

一方で、「89ドル以下にならないと買いたくない」など、自分の中で希望購入価格が明確に決まっている場合は、指値で注文しましょう。

もっとも、すでにお伝えしたように、その金額まで価格が下がらなければ、注文は成立しませんから、指値の場合は買うチャンスを逃してしまう可能性があります。

そのため、強気の金額で注文する場合は、注文する際、「執行条件」（注文の有効期限。当日中のみ〜約3か月後まで自由に設定できる）をある程度長めにし一定期間購入できない場合は、指値金額の見直しをしましょう。

②数量を入力する

ＶＴやＶＴＩは一株（一口）から買うことができます。

購入したい数量を入力しましょう。

その時点の価格での合計金額が、「予想受渡代金」の欄に表示されます。

③口座区分を選択する

「特定」「一般」「ＮＩＳＡ」のうち、「ＮＩＳＡ」を選択します。

④決済方法を選択する

「円で買う」「ドルで買う」のいずれかを選択します。

⑤買付可能額を確認する

買い注文画面の右上に、あなたの証券口座の「円貨買付可能額」「外貨買付可能額」が表示されています。

円で買う場合は円貨買付可能額が、ドルで買う場合は外貨買付可能額が、予想受渡代金を上回っているかどうかを確認し、足りなければ入金します。

⑥注文内容を確認し、取引を成立させる

ここまで入力したら、取引暗証番号を入力し、「注文内容を確認する」ボタンをクリック。

注文内容を確認したうえで、取引を成立させましょう。

ドルが安いときに、たくさん仕込んでおこう

なお、手順④で「円を買う」「ドルを買う」のどちらかを選ぶことになりますが、基本的にはどちらを選んでいただいても大丈夫です。

証券口座に円がある人は「円で買う」を、ドルがある人は「ドルで買う」を選びましょう。

ただ、少し手間はかかりますが、私は「円高のときに、ＶＴやＶＴＩを買うため

のお金をできるだけ円をドルに換えておく」というのが、もっとも理想的な買い方だと思っています。

それによって、為替の変動による影響を抑えることができるからです。

ＥＴＦは、値段が少しでも下がったときに買う。

これは鉄則ですが、**ＥＴＦの価格が下がるときと、円高が重なっているとは限りません。**

円安が進行しているときに円で買うと、ＥＴＦの価格自体は安くても、実際の購入価格は高くなってしまいます。

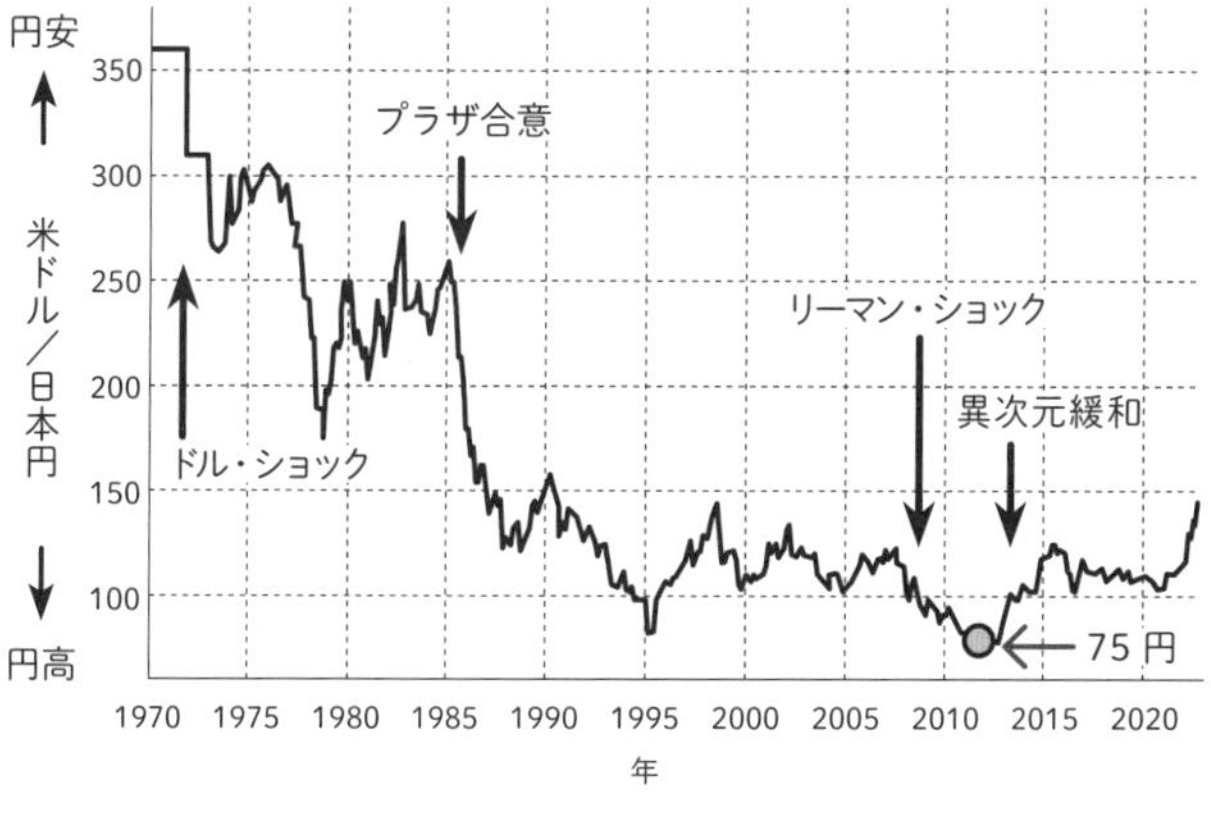

前ページの図をご覧ください。

これは、1970年代から現在までの米ドル／日本円の為替レートの推移です。東日本大震災後の2011年11月には1ドル＝75円にまでなりましたが、近年は逆に円安が進み、2022年には1ドル＝150円になりました。

たとえば、一括購入のための資金が30万円分あったとして、それを1ドル＝75円のときにドルに換えておけば4000ドルになりますが、1ドル＝150円のときにドルに換えてしまうと、2000ドルにしかなりません。

そこまで極端に円高／円安になることはめったにないと思いますが、同じ30万円でも、1ドル＝75円のときにドルに換えておけば、1ドル＝150円のときの2倍のETFを買うことができるわけです。

このように、少ない投資額で大きなリターンを狙うには、為替差益を利用することが大きなポイントになります。

2023年3月時点では、1ドル＝約130円と円安傾向にありますが、相場は常に変動しています。

ＥＴＦを買う予算が決まったら、少しでも円が高いときや円高に大きく振れたときにドルに換え、ＶＴやＶＴＩの価格が下がったときにドルで買いましょう。

なお、ドルの買い方は非常に簡単。

楽天証券なら、「その他商品」↓「外国為替」のページを開き、「ＵＳＤ／ＪＰＹ」の「買い」をクリック。

あとは、ドルに換えたい金額を「購入金額」の欄に入力し、さらに「取引暗証番号」を入力して、注文ボタンをクリックすればＯＫです。

ただ、「今、ＥＴＦを買いたい」と思ったときに、十分なドルが手元にない場合は、気にせず円で買ってしまいましょう。

20

投資初心者でもできる「買いどきの見極め方」教えます

価格が大きく下がったとき、直前の最高値から3〜7％下がっているときを狙う

これまで「ＥＴＦのＶＴ（全世界型）やＶＴＩ（全米型）は、価格が下がったときに買いましょう」とお話ししてきました。

しかしみなさんの中には、「どのタイミングで買ったらいいのかわからない」という方もいらっしゃるでしょう。

そこで、私なりの「買いどきの見極め方」を、ここでお伝えしたいと思います。

私がＶＴやＶＴＩを買うのは、主に次の２つのタイミングです。

①価格が大きく下がったとき
②現在の価格を、直前の山のトップの価格（最高値）で割り、３〜７％下がって

いるとき

232～233ページの図をご覧ください。

これは、VTの価格の推移を表したグラフです。

コロナ禍などの影響を受け、一時的に大きく下がることはあっても、全体としては価格が右肩上がりになっているのがおわかりいただけるのではないかと思います。

もちろん、投資に「絶対」はありませんが、今後も、

「一時的に大きく下がっても、やがて下がる前以上に回復する」

「小刻みな上下を繰り返しつつ、価格は少しずつ上がっていく」

可能性は、きわめて高いのではないかと考えられます。

ですから、何らかの原因で価格が大きく下がったときには「資産が減った」と嘆くのではなく、「今こそ買いどきだ」ととらえましょう。

ただ、大きな価格の下落というのは、そう頻繁に起こるものではありません。

また、細かい値動きの中で「下がりきったかどうか」を見極めるのは非常に難しく、ストレスにもなります。

ですから、私の場合は、現在の価格を、直前の山のトップの価格（最高値）で割り、3～7％下がっていれば買うようにしています。

VTはしばらく買いどき

なお、私はしばらく、VTは買いどきだと思っています。

232～233ページのグラフを再度ご覧ください。

VTの価格は、2020年3月、コロナ禍が起こった際に一度55ドル前後にまで

2012年以降のVTの価格推移

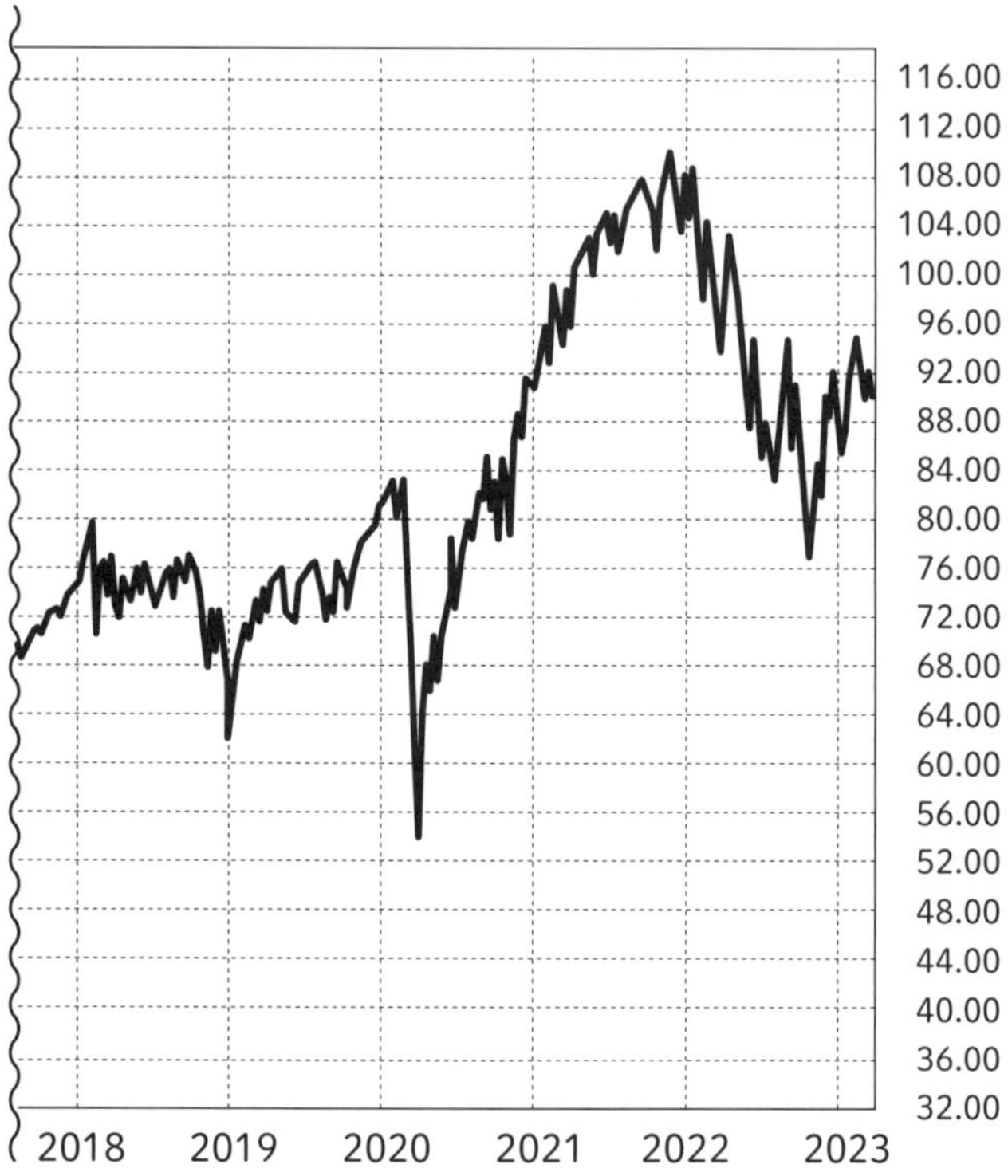

出典：TradingView

下がってから急上昇し、2021年末には110ドル近くになっています。その後、再び下がり、2023年3月時点では90ドル前後で推移しています。

90ドルを110ドルで割ると、約0・8。

つまり、2021年末に比べ、20%ほど下がっていることになりますが、VTやVTIは常に前の高値を更新していく商品であり、いずれは2021年末の110ドルも超えていくでしょう。


ですから、90ドル台前半~100ドルくらいまでは、安心して買ってよいのではないかと、私は考えています。

103~105ドルくらいになってきたら様子を見始め、110ドルに近づいたり、110ドルを超えていったりするようなら、しばらくは購入を控えます。

そして、次のピークの山が来て、値下がりし始めたところで、再び購入を考えることになるのではないかと思います。

もし「興味はあるけど、まだ買う勇気がない」「実際に投資を始めるのは、新ＮＩＳＡが始まってからにしたい」という方は、ネットや投資用のアプリで、ＶＴやＶＴＩの値動きだけでも毎日眺めるようにしてください。

値動きを眺めることに慣れれば、少しずつ買うタイミングがつかみやすくなるのではないかと思います。

買うタイミングをある程度分散させると買いやすい

ここで、いくつかみなさんに気をつけていただきたいことがあります。

ＥＴＦを購入する際、日々チャートを眺めて値動きの感覚をつかみ、底値で買えればベストです。

しかし、たとえばボーナスから40万円分、投資にまわせるお金が発生したときに、いきなり「底値を狙って、40万円分のＶＴやＶＴＩを買おう」と思うと、なかなか踏ん切りがつかず、買いそびれてしまう可能性もあります。

ですから、トータル40万円分であれば、10万円分ずつ４回に分けて買うといった具合にタイミングを分散させ、心理的ハードルを下げて、ＥＴＦの購入に慣れていきましょう。

ＶＴやＶＴＩの価格は、基本的には右肩上がりに推移していきますから、底値を狙っていつまでも買えずにいるよりは、ある程度価格が下がった時点で早めに買ってしまったほうが、利益が大きくなる可能性が高いと私は思います。

もちろん、「ここが底値だ」と思えるタイミングがあれば、40万円分一気に買ってもかまいません。

仮に底値じゃなかったとしても、右肩上がりに価格が推移していけば、いずれプラスに転じるはずです。

そしてもう一つ大事なのが、「明らかに価格が高騰しているときは、無理して買わない」ということです。

ＥＴＦに限らず、株式でもなんでも、価格が急上昇しているときには、「これからもっと上がるかもしれない」と焦り、つい買いたくなってしまうものですが、そこで手を出してしまうと、高値づかみする危険性が高くなります。

高値づかみした後で価格が大きく下がった場合、いずれは右肩上がりになるにしても、山が大きければ大きいほど、その山を越えて価格が上がるには時間がかかるでしょう。

実際、２０２０年末以降にＶＴを買った人は、元本が割れている状態か、やや利益が出ている程度であり、あまりメリットを感じられていないのではないかと思います。

ですから、たとえ「ボーナスで40万円分のＶＴやＶＴＩを一括で買おう」と考えていたとしても、明らかに価格が高騰しているときは、買いたい気持ちをおさえ、買いどきが訪れるのを待ちましょう。

時間を味方につけることは、投資の重要な戦略の一つですが、ＶＴやＶＴＩの購入のタイミングが一年や二年遅れてもかまいません。

それより、せっかく価格が下がっているときに、買うお金がないほうがもったいないといえるでしょう。

とにかく焦らず、

・一括購入は、価格が下がり気味のときに行うこと
・価格が上がっているときは、一括で買うのは我慢すること

を心がけてください。

ここがポイント！

- 「円高になったら、ドルに変える」「ＶＴとＶＴＩの価格が下がったら買う」を頭にインプットしよう。
- ＶＴとＶＴＩ（ＥＴＦ）の購入こそ、新ＮＩＳＡで投資をする醍醐味。リターンが見込めるので、ぜひ、チャレンジを！
- 基本、ＶＴとＶＴＩも「右肩上がり」で成長していくので、長い目で見れば、「早く買ったほうが安く買える」もの。
- ＥＴＦも投資信託同様、長く持ち続けることに意味が。株のように利益が出たら、すぐ売るものではありません。

3000円 新NISA 投資

21

投資に慣れても、「個別株式」に手を出すのはNG

個別株式への投資で成功するのは難しい

これまでもくり返し述べてきましたが、成長投資枠の利用を考えておられる方に、ぜひ守っていただきたいことがあります。

それは、**「基本的に、個別株式には手を出さない」**ということです。

みなさんご存じの通り、株式とは、企業が活動するためのお金を集めることを目的として発行する有価証券のことです。

株式を買って株主になれば、その企業の業績が順調なら配当金がもらえますし、企業によっては株主優待も受けられますし、株価が上がったときに売却すれば譲渡益も得られます。

一方で、個別株式を買うにはまとまったお金が必要となります。

たとえば、ソニーグループやファーストリテイリング、任天堂など、国内の人気企業の株式は100株単位でしか買えないことが少なくありません。株価が5000円のときでも最低50万円、5万円のときなら最低500万円のお金が必要になります。

しかし、万が一、その企業の業績が何年もふるわなかったり、不祥事や事故が起こったりしたら、配当金はもらえず、株価は一気に下がります。買ったときが株価のピークで、その後何十年も、その株価以上にならないという可能性も十分にあります。

そうなると、お金が増えるどころか、大損をしてしまうことになります。**いくつもの企業に分散投資しようとすると大金が必要になり、かつ売買のタイミングの見極めを自分でしなければならない個別株式への投資は難しいのです。**

中にはビギナーズラックで、たまたま最初に優良株を買い、利益を得る人もいますが、たいていほかの銘柄に手を出し、利益を上回る損を出してしまいます。

「買い」情報には要注意

仕事柄、私はこれまで、プロのファンドマネージャーや、億単位の利益を得ている個人投資家の方とよくお話ししますが、みなさん、とにかくよく勉強をされており、知識量も経験も並大抵ではありません。

こうした投資家たちと争い、利益を上げるのは、よほど勉強と経験を重ねなければ難しいでしょう。

また、雑誌やインターネットなどで「この株は買いだ」と紹介されている銘柄を買う人もいますが、広く出回っている時点で、その情報は古いと考えましょう。

こうした株は、記事が出る前から多くの人に注目されており、すでに十分に値が上がっています。

そして、高値で買った人は、たいてい「少しでも利益を出そう」と頑張りすぎてしまい、売りどきを見失って、損をしがちなのです。

新NISA

PART 5

「投資をしたか」「投資をしなかったか」であなたの人生は大きく変わる

3000円
新NISA
投資
22

時間をかけて積み立てた投資信託は、一生役立つ「金の卵」

長期間積み立てた投資信託は、お金を生む「金の卵」になる

私は今後、新ＮＩＳＡを利用して投資を行うことで、「将来のお金の不安がな解消された」という人が増えていくのではないかと考えています。

あらためて、66ページのグラフをご覧ください。

月３万円ずつ投資にまわし、年利６％で運用できた場合、

・10年後：投資したお金の総額が３６０万円、運用益が１３１万円
・20年後：投資したお金の総額が７２０万円、運用益が６６６万円
・30年後：投資したお金の総額が１０８０万円、運用益が１９３３万円

となっています。

スタート時と10年後、10年後と20年後、20年後と30年後を比べると、その期間に投資したお金（原資）は同じ360万円でも、最初の10年分の運用益は131万円、次の10年分の運用益は535万円、次の10年分は1267万円と、時間がたてばたつほど運用益が加速度的に増えていくのがわかります。

25年後くらいからは、年に100万円以上の運用益が得られる計算になります。

つまり、長期間積み立てたものがあれば、それが「金の卵」となり、ある程度の時点で追加投資をやめても、基本的にはお金はどんどん増えていってくれるのです。

しかも新NISAなら、永久に運用し続けることができ、そこで発生する利益には税金がかかりません。

みなさんの中には、もしかしたら、「年齢を重ね、バリバリ働くことができなくなったら、生活していけるのだろうか」という不安を抱えている方がいらっしゃるかもしれません。

しかし、元気に働けるうちに、こうした「金の卵」をつくってしまえば、途中でよほど大きく取り崩さない限り、ある程度の年齢になってからは、働いたり新たに投資にお金をまわしたりしなくても、年金にプラスして十分に生活していけるだけのお金を常に得ることができるようになるはずです。

さらに、新NISAなら、積立に加え、成長投資枠を利用して、ETFのVT（全世界型）やVTI（全米型）を買うこともできます。

みなさんの中には、若いうちから毎月何万円も投資にまわせるだけの余裕がない方や、運用できる時間がさほどない方もいらっしゃるでしょう。

その場合、コツコツと時間をかけてお金を増やしていく投資信託の積立だけでは、十分な資産が作れない可能性もあります。

でも、成長投資枠で、価格が下がっているときに勇気を出してETFを買い、その資金が必要になるときまで運用し続ければ、自然と大きな利益を手にすることができます。

つみたて投資枠で投資信託を積立で買いつつ、成長投資枠でETFを買い、運用すること。

それは投資効果を高め、投資にかかる時間を短縮することであり、誰もが金の卵を手にすることができる可能性を高めることでもあるのです。

投資の最大の目的は、「お金の不安のない」状態を自分自身で作ること

投資の最大の目的は、そうした「お金の不安がない」状態を自分自身の手でつくり、人生をラクにすること、人生を楽しくすることにあると、私は思っています。

そして、投資を始め、「自分の将来を自分でつくっている」という実感があると、漠然とした将来に対する不安がなくなり、日々の生活が楽しくなり、人生に対して希望もわいてくるのではないかと思います。

生きていれば、さまざまなことが起こります。

旅行に行きたくなることもあれば、病気や加齢によって働くのが難しくなることもあるかもしれません。

人生を味わい尽くすうえでも、人生の危機を乗り越えるうえでも、投資信託によってできた資産は大きな支えとなるのではないでしょうか。

また、「人生100年時代」という言葉をしばしば耳にしますが、自分自身が何歳まで生きるか、誰にもわかりません。

現在50代、60代、70代の方も「もう遅い」などとは決して思わないでください。「無理のない範囲で、できるだけ早めに多くの金額を投資にまわしつつ、生涯を通じて投資信託を運用していく」という心づもりで投資をしてください。

運用しながら資産を取り崩していくことで、「資産が目減りし続ける」ことを食い止められるはずです。

3000円
新NISA
投資
23

お金の問題を投資で解決する時代がやってきた

新ＮＩＳＡと並んで「認定アドバイザー」制度も導入される

私は、新ＮＩＳＡは利用者のことを考えてつくられた制度だと思っています。

国は、**新ＮＩＳＡを利用する国民が投資に失敗せず、きちんと資産を増やすことができるよう、かなり気を遣っている**と感じられるからです。

たとえば、新ＮＩＳＡのスタートと前後して、「認定アドバイザー」がリスト化・公表される予定です。

現在、世の中にはファイナンシャルプランナー、金融商品の仲介業者、投資助言業者、保険の募集人など、さまざまなお金や投資のアドバイザーがいますが、全員が本当にお客さんのためになるアドバイスをしているとは言いきれません。

そのため、金融庁は、予定では、

・金融商品を販売していない
・金融機関などから手数料などをもらっておらず、報酬は顧客から受け取るのみ

このような条件をクリアしたアドバイザーを「認定アドバイザー」として公表するという取り組みを進めているのです。

こうした施策が行われているのは、官邸から金融庁に対し、「NISAの拡充は、顧客本位のアドバイザーづくりや金融教育の強化とセットである」という指示があったためだそうです。

これだけでも、国がどれほど新NISAによって国民が資産を増やすことを期待しているかがわかるのではないでしょうか。

新NISAは、国民がお金の問題を自力で解決するためにつくられた制度

野村アセットマネジメントの報告によると、2020年12月に実施された「投資

信託に関する意識調査」の結果を人口統計にあてはめて推計すると、投資信託あるいは株式を保有する人は約2700万人。

これは、20歳以上の人口（約1億人）の約26％にあたるそうです。

中でも、積立投資を行っている人は、26歳以上の人口の1割に満たない1200万人程度と推計されています。

でも、もしも20歳以上の人口の半分、5000万人の人が新NISAを利用し、20年後にそれぞれが資産を1000万円増やしたらどうなるでしょう。

国全体としてはお金が500兆円分増えることになりますし、消費されるお金も増え、国が豊かになっていくのではないでしょうか。

今まで、多くの日本人は、収入を「仕事の対価としてもらうギャランティ」と「年金」という二本柱で考えていたはずです。

しかし、そこに「生涯、非課税で運用し続けられる投資信託」が加われば、収入は三本柱になります。

近年、「この20年間、日本の会社員の賃金が上がっていない」ことが話題になりましたが、投資によって資産を増やすことができれば、給料がなかなか上がらない若い世代にとっては強い味方となるでしょう。

将来に不安を感じている50代以上の方でも、今から投資を始めれば、老後の生活の仕方がかなり変わるはずです。

奨学金の返済に苦労している方、子どもの教育費に困っている方、老後の資金が十分でない方……。

お金が足りないことに頭を悩ませ、将来に希望が持てず、日々、欲しいものややりたいことを我慢して、なんとかやりくりしている人は少なくありません。

新NISAは国が用意した、お金の問題を自らの力で解決できる手段なのです。

もっともそれは、「自分の家計、自分の人生は自分たちで守れ」という国からのメッセージであるととらえることもできます。

老婆心ながら申し上げると、2024年に新NISAで投資を始めるかどうかによって、数十年後には資産に数千万円の差が生まれ、それは子どもや孫の世代にも引き継がれていくでしょう。

20年後の世界では、お金が足りず、十分な生活ができない人に対し、「なぜ投資をしなかったのか」という自己責任論が巻き起こる可能性もあります。

新NISAを利用して少しでも早く投資を始めるのか、新NISAができてもなお、投資に対し二の足を踏むのか。

それは、今後の社会において、お金の悩みを解決し、豊かで充実した人生を送るか、お金の悩みを抱えたまま生きるかの分かれ道であるといえるかもしれません。

ここが知りたい新NISA Q&A

Q 何歳から新NISAを利用できる?

A 18歳からです。

新NISAが始まる前の2023年末でジュニアNISAが廃止されますので、18歳未満の方はNISAを利用できなくなります。

Q NISAで今まで投資をしてきた分は、1800万円の投資枠から引かれる?

A これまでNISAで投資をしてきた人によく訊かれますが、新NISAはあくまでも、新しく始まる制度。ですので、過去に一般NISA・

つみたてＮＩＳＡ枠で投資をしてきた分はそのまま保有できます。新ＮＩＳＡの１８００万円の枠には影響しません。たとえば、すでに１２０万円投資をしているから、自分の枠は１８００万−１２０万円で、残り１６８０万円？と思われる方もいますが、違います。全員に新しく１８００万円の枠が与えられます。

Q 新ＮＩＳＡが始まるまでは、どうしたらいい？

A 間に合うなら、すぐに「つみたてＮＩＳＡ」を始めましょう。右の通り、新ＮＩＳＡとつみたてＮＩＳＡは別扱い。２０２３年中に「つみたてＮＩＳＡ」を始めれば、24年から投資を始めるより、40万円多く非課税枠で投資ができてお得。投資の練習にもなります。

Q　これまで「つみたてNISA」で投資をしていた分は、どうすればいい？

A　2042年までは非課税で運用できるので、そのまま持っておくのが正解。

これまでに購入した投資信託は現状の基準価格よりも安く仕入れられていておトクです。みなさんの中には「新NISAの投資資金にあてるために売却したい」と考える方もいらっしゃるかもしれませんが、おすすめしません。ライフプラン上、必要になったときに売却して役立てましょう。

Q　一般NISAで投資をしていた分は、どうすればいい？

A　現在のNISA口座の非課税期間終了後、新NISA口座へのロールオーバーはできません。ですから、２０２３年末までに開設したＮＩＳＡ口座で保有している商品は、非課税期間終了後、課税口座に移すか、非課税期間中に売却するか選択することになります。

投資信託など、将来成長していく商品を保有している場合は、長期間運用したほうが、利益が増えていきますから、課税口座に移し、運用を継続されることをおすすめします。一方で、個別株式などの商品を保有している場合は、いろいろな状況を鑑みて、保有を継続するか否かの判断が必要になるので、難しいところです。

ただ、前の問いへの答えにも書きましたが、これまでの保有商品を新ＮＩＳＡ口座の投資原資にすることを目的として売却するということは、基本的に不要ではないかと思います。

過去の保有商品は自分なりにベストなタイミングで売却、新ＮＩＳＡの原資は普段の家計から捻出し、じっくりスタートするのが正解だと思います。

Q つみたてNISAに加え、課税口座でも積み立てている。どうすればいい？

A まず、新NISAでは、年間360万円まで積み立てできます（つみたて投資枠・成長投資枠両方を使う場合）。なので、今まで課税口座で積み立てていた分は、新NISAなら非課税投資枠で投資できるようになります。

課税口座での積立は解除し、新NISAでの積立にまわしましょう。

Q すでにｉＤｅＣｏをやっているが、新ＮＩＳＡに変えた方がいい？

A ｉＤｅＣｏを完全にやめて新ＮＩＳＡに移行するのは、あまり賛成できません。ｉＤｅＣｏは所得税・住民税が軽減されるという素晴らしい強みがあります。ｉＤｅＣｏをやめて新ＮＩＳＡではなく、可能ならｉＤｅＣｏ＋新ＮＩＳＡでも投資信託やＥＴＦの投資にチャレンジが正解ではないでしょうか。積立部分は、ｉＤｅＣｏで行い、攻めの投資を新ＮＩＳＡで行うのが理想的です。

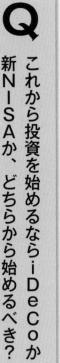

Q これから投資を始めるならiDeCoか新NISAか、どちらから始めるべき？

A これは非常によく訊かれます。

【継続的に積立が見込める場合、かつ掛金の引き出しが60歳以降でも問題ない場合】

もっとも合理的なのはiDeCoでの投資を優先することです。所得税、住民税が減税されるからです。これは非常に大きなメリットです。加入している年金制度により掛金額が決まっているため、それ以上の積立ができる場合は、iDeCoに加えて、新NISAで投資信託やETFの投資にチャレンジするといいでしょう。

【60歳までおろせないのは厳しい場合や資金に流動性を持たせたい場合、学費など使うタイミングが見えている場合】

新NISAでの投資にしましょう。iDeCoを選択しない理由のほとんどが「60歳まで積立した資産を出せないこと」です。新ＮＩＳＡは、いつでも現金化できますから、安心です。

Q 子どもにも投資を教えたいが、どうすればいい？

A 「未成年口座」を開設することで、実質0歳から投資ができます。もちろん、実際に手続きができるのは母、父など親権者法定代理人です。お子さんと一緒に投資を学ぶなら、お子さんの未成年口座を開設すると良いでしょう。

拙著『13歳からの３０００円投資生活』をぜひご覧ください！

Q 老後のために投資をしている。実際に投資信託をどう売却していけばいい？

A　いわゆる出口戦略ですね。よく、持っている資産の3％を取り崩していくという方法が紹介されていますが、これは本当に人それぞれです。

年金で生活がどの程度まかなえるのか、定年後も働きたいか、貯蓄額はどのくらいか、などによって方法は変わってきます。実際、日本では新NISA（旧つみたてNISAも含め）で、投資信託を何十年も運用し、老後を迎えたという方はいませんので、心配になるのももっともです。

この本でおすすめしている投資信託は、基本的には持っているだけでも増えていく可能性が高い商品なので、ある年齢からは追加の投資を行わず、運用しながら、必要額を取り崩して生活する、という人も増えるでしょう。

「取り崩し」「シミュレーション」などで検索すると、野村證券などのサイトで資産寿命を計算することができます。

たとえば２０００万円を６％で運用し、65歳から月12万円ずつ取り崩すと、93歳で資産はゼロになる計算となります。

年金や貯蓄と合わせて、月何万円取り崩すかの目安にはなると思います。

基本的には、必要な分の貯金はよけておいて、それ以外の貯金から取り崩し、その後は投資で作った貯蓄から取り崩していきましょう。

なお、老後の資金に不安を抱く方は多いのですが、せっかくの人生、やりたいことをやらず終えるのはもったいないこと。それこそ取り返しがつきません。

増やした分は自分の楽しみに使いましょう。

家族のために使いましょう。

投資信託の売却を考えるのは、後々のことになるでしょうが、大切なのは自分の人生を楽しむことです。

増やしたお金は使ってこそ価値があります。

おわりに

２０２４年から始まる新ＮＩＳＡという制度によって、従来のＮＩＳＡに比べ、多種多様な投資戦略が立てられるようになること、人々の投資に対するハードルがますます下がること、その結果、おそらく投資人口が増えていくことを、私は心から喜んでいます。

中でも、本文中でもお伝えしたように、積立で投資信託をコツコツ買っていくという基本戦略を維持しつつ、成長投資枠で、ＥＴＦのＶＴとＶＴＩを購入できるようになったのは革命的なことであり、新ＮＩＳＡの非常に大きな利点だと思っています。

私自身、ＥＴＦのＶＴおよびＶＴＩは、２００９年頃から相場を見ながら安いとき（低いとき）に、手元資金とのバランスを見ながら買い続けています。

最初の頃は、買い方にも不安があり、「本当にこれで良いのか」「安いとはどれくらいか?」など苦労しながら買ったものですが、VTとVTIを15年ほど運用し続けたおかげで、大きく資産を増やすことができました。

私は過去、『はじめての人のための3000円投資生活』では、家計を管理しつつ、バランス型の投資信託を積立で買うことをおすすめし、その後つみたてNISAという制度や、楽天VTなどの商品が新たに登場したことから、『貯金感覚でできる3000円投資生活デラックス』では、楽天VTをつみたてNISAで買うことをおすすめしてきました。

楽天VT、SBI VT、楽天VTI、SBI VTIなど、VTやVTIに連動し、かつ日本でも手軽に買える投資信託が出来たのは非常に喜ばしく、それらが非常に優秀な商品であることに変わりはないのですが、一方で私は「本家本元のVTやVTIを、もっと多くの人が気軽に買えるようになればいいのに」「NISAのような非課税の制度で、投資信託の積立と並行して、VTやVTIを一括購入できるようになるといいのに」とずっと思っていました。

そして今回、ようやく新NISAにより、誰もが安心して、ETFのVTやVTIを買えるようになりました。

しかも、そこで得られた利益には、いつまでも税金がかからず、「つみたてNISAで楽天VTやSBI VTを買うか、一般NISAでETFのVTやVTIを一括購入するか」の選択を迫られることもありません。

投資のプロでない人が投資によって資産を増やすなら、

「新NISAのつみたて投資枠で、積立で楽天VTなどを買い、成長投資枠で本家本元のVTやVTIを買う」

というのが、考えうる限り最高の戦略だと、私は考えています。

そのため、新ＮＩＳＡのおかげで、長年心の中で願っていたベストな投資戦略をお伝えでき、大変嬉しく思っています。

おそらく、10年後、20年後、30年後には、みなさんが育てた投資信託や、ＥＴＦによって得た利益が大きな資産となり、みなさんの生活を豊かにしてくれると信じています。

もしかしたら、50代で、投資信託の利益だけでＦＩＲＥ（早期リタイア）する人も出てくるかもしれません。

いずれにせよ、新ＮＩＳＡが登場するこのタイミングは、考えうる限り最善の投資ができる絶好の機会です。

みなさん、ぜひ新ＮＩＳＡを利用し、３０００円投資生活を楽しんでください。

２０２３年4月　横山光昭

はじめての人のための
3000円投資生活　新NISA対応版

発行日　2023年5月10日　第1刷
発行日　2024年3月15日　第15刷

著者　横山光昭

本書プロジェクトチーム
編集統括　柿内尚文
編集担当　栗田亘
デザイン　小口翔平、畑中茜（tobufune）
編集協力　村本篤信
校正　荒井順子
本文デザイン・DTP　廣瀬梨江

営業統括　丸山敏生
営業推進　増尾友裕、綱脇愛、桐山敦子、相澤いづみ、寺内未来子
販売促進　池田孝一郎、石井耕平、熊切絵理、菊山清佳、山口瑞穂
吉村寿美子、矢橋寛子、遠藤真知子、森田真紀、氏家和佳子
プロモーション　山田美恵
講演・マネジメント事業　斎藤和佳、志水公美

編集　小林英史、村上芳子、大住兼正、菊地貴広、山田吉之、大西志帆、福田麻衣
メディア開発　池田剛、中山景、中村悟志、長野太介、入江翔子
管理部　早坂裕子、生越こずえ、本間美咲
発行人　坂下毅

発行所　株式会社アスコム

〒105-0003
東京都港区西新橋2-23-1　3東洋海事ビル
編集局　TEL：03-5425-6627
営業局　TEL：03-5425-6626　FAX：03-5425-6770

印刷・製本　株式会社光邦

Printed in Japan ISBN 978-4-7762-1281-2